Le tout en poche

Skype

ichel Barreau

CampusPress
www.pearsoneducation.fr

Publié par CampusPress
47 bis, rue des Vinaigriers
75010 PARIS
Tél : 01 72 74 90 00

Mise en pages : Andassa

Auteur : Michel Barreau

ISBN : 2-7440-2032-X

Table des matières

Introduction

"Voulez-vous skyper avec moi ce soir ?" L'expression n'est pas encore tout à fait passée dans le langage courant, comme les termes "surfer" ou "chatter". Mais "j'te skype" pourrait bien vite supplanter le banal "on s'rappelle" quand est venu le temps de prendre congé d'un ami.

Skype. Derrière ce mot inventé de toutes pièces se cache la nouvelle pépite de la téléphonie Internet. Le petit programme gratuit, facile à installer et à utiliser permet à tous ceux qui le possèdent de dialoguer par ordinateurs et Internet interposés, sans bourse délier. Des discussions sans limites de temps, ni de distance à partir du moment où vous disposez d'une connexion Internet, si possible permanente et à haut débit.

La téléphonie Internet, ce n'est quand même pas Skype qui l'a inventée ! L'objection est tout à fait recevable. Mais l'intérêt de cette solution est d'ordre pratique. Pour la première fois, Skype offre une qualité remarquable pour les conversations par Internet. Plus d'écho désagréable, très peu de ce temps de latence qui enlève toute convivialité aux dialogues : la qualité sonore est bien au rendez-vous, souvent supérieure à ce qu'offre la ligne téléphonique classique. A tel point que les voix familières sont reconnues immédiatement au décroché et que l'on se sent beaucoup plus proche de ses amis sur Skype que sur la ligne analogique.

Le succès ne s'est pas fait attendre. En deux ans seulement, près de 200 millions de téléchargements ! Et le chiffre de quatre millions de connectés simultanés dans le monde est désormais régulièrement dépassé. Bien sûr, pour communiquer gratuitement avec Skype, il faut que les deux internautes utilisent le même logiciel. C'est d'ailleurs ce qui explique les performances obtenues. Mais Skype permet aussi d'appeler vers l'extérieur, les lignes fixes comme les lignes mobiles, grâce à une option qui n'est pas gratuite mais très bon marché. SkypeOut, ainsi qu'on l'appelle, est d'une simplicité d'emploi déconcertante. Tout comme son jumeau SkypeIn qui, lui, attribue à l'utilisateur de Skype sur son ordinateur un vrai numéro fixe qui pourra être appelé depuis n'importe quel téléphone ordinaire. Si vous avez un ordinateur connecté en permanence à Internet (et allumé jour et nuit), équipé de Skype et de ses compléments indispensables SkypeOut et SkypeIn, vous pouvez parfaitement vous passer d'une ligne téléphonique classique.

Voilà pour l'usage de base, la téléphonie. Ce qui n'est déjà pas si mal. Mais Skype est capable aussi de gérer des conférences audio à trois, quatre ou même cinq interlocuteurs. Avec bientôt la vidéo et le support très prochain des webcams. Sans oublier que Skype est aussi un excellent outil de messagerie instantanée pour le "chat" à deux ou plus et de transfert de fichiers en "live" entre deux utilisateurs de Skype connectés.

Après une courte présentation de la technologie de la Voix sur IP et de la téléphonie sur Internet, cet ouvrage passe en revue l'installation, l'utilisation courante et certaines fonctions avancées de Skype. Il s'adresse à tous les internautes curieux de profiter de ses avantages et de découvrir toutes ses facettes. Le programme est particulièrement bien conçu pour les débutants et ne devrait pas poser de problèmes aux néophytes. En revanche, la connexion Internet permanente et les fonctions sonores de l'ordinateur, sans lesquelles Skype ne sert absolument à rien, sont plus délicates à maîtriser et nous leur consacrons un chapitre entier.

La seule réelle difficulté technique de mise en œuvre pourra venir de la présence d'un pare-feu particulièrement efficace au niveau de l'ordinateur ou du réseau local. Ce point est également abordé plus en détail. Il concerne surtout l'utilisation en entreprise de Skype qui se développe elle aussi très vite et pas seulement dans les start-up Internet.

"Dans les toutes prochaines années, les particuliers pourront espérer téléphoner gratuitement car les appels passés feront partie d'un ensemble de services sur lesquels les opérateurs se rémunèreront grâce à la publicité et aux transactions payantes." Tel a été le commentaire et le pronostic aguichant de la directrice générale de eBay peu de temps après l'annonce du rachat de Skype par le leader de la vente aux enchères sur Internet.

Malgré ce changement de propriétaires, Skype continue sa carrière en solo. Avec lui, vous pouvez donc essayer tout de suite le téléphone de demain.

Contact de l'auteur :

michel.barreau@net-source.fr

Chapitre 1

La téléphonie sur Internet

Informatique et télécommunications, deux mondes qui se sont trop longtemps ignorés. Internet les a réconciliés. Premier fruit de cette convergence : la téléphonie IP. IP comme *Internet Protocol.* Derrière ce concept se cachent déjà de multiples technologies et solutions pour le grand public comme pour les entreprises, dont Skype n'est que l'un des derniers avatars.

Téléphonie classique et téléphonie IP

Depuis son invention dans les années 1860 par Antonio Meucci (et non Graham Bell, considéré désormais comme un imposteur), le téléphone s'est développé très lentement à travers le monde puis de manière accélérée seulement à la fin du XXe siècle. Le réseau mondial tenu par les opérateurs historiques, le caractère synchrone des communications TDM, la commutation de circuits quasi instantanée pour relier deux points de la planète, toutes ces caractéristiques faisaient encore il n'y a pas si longtemps du téléphone fixe un outil très performant. Bonne qualité audio, terminaux simples et fiables, faciles à mettre en œuvre et alimentés électriquement par la ligne téléphonique elle-même… Autant de bonnes dispositions qui n'auront pas résisté longtemps à la tornade Internet.

TDM : ***Time Division Multiple access.*** **Sur le réseau téléphonique traditionnel, chaque conversation se voit réserver une fraction de la bande passante, selon une périodicité temporelle régulière. Ce n'est pas le cas en Voix sur IP.**

Performant, le réseau téléphonique l'est toujours. Mais à quel coût ? Pourquoi payer si cher une communication vers un pays lointain alors qu'Internet a mondialisé les échanges de données et les a rendus quasi gratuits. D'autant plus que voix et données empruntent désormais les mêmes "tuyaux", sinon les mêmes réseaux. Et certains prédisent déjà, dernier épisode peut-être de cette tourmente, la gratuité prochaine aussi bien du téléphone que de l'accès Internet sans fil.

Les obstacles à la téléphonie Internet

Le transport de la voix sur le réseau Internet pose pourtant encore de sérieux défis. Tout d'abord, le principe du réseau Internet est de transporter des données de manière asynchrone, par petits paquets, que l'on appelle les datagrammes UDP (*User Datagram Protocol*). Mais pour ne pas trop encombrer le réseau, il n'y a pas de contrôle strict de l'arrivée des paquets à leur destinataire dans le bon ordre. Si le paquet 1 se perd, sa disparition est signalée et l'émetteur se contente de le renvoyer. Et ainsi de suite jusqu'à ce que le transfert soit effectif. Mais le paquet 2 risque d'arriver à bon port bien avant le paquet 1.

Ce principe est parfait pour la transmission de fichiers de données, d'images ou même de vidéo si la diffusion peut attendre quelques fractions de seconde, le temps de vérifier que la séquence est complète et prête à la diffusion. Mais pour une conversation vocale, toute microcoupure, tout décalage, parasite ou écho rend l'échange sinon impossible, du moins inconfortable. En plus, les opérateurs de téléphonie Internet sont confrontés à une grande variété de logiciels, de matériels et de codecs plus ou moins performants. La coopération entre ceux-ci en temps réel pour permettre à deux correspondants de dialoguer à distance laisse encore souvent à désirer.

Les *codecs audio* sont des composants logiciels assurant la compression/numérisation ou la décompression/restitution de la voix avant et après son transport sur le réseau Internet.

Vous pouvez expérimenter facilement cette relative incompatibilité des terminaux IP en téléphonant à partir d'une ligne IP d'un fournisseur A vers une ligne IP d'un fournisseur B. Il est rare dans ce cas que la conversation soit totalement fluide, sans sifflement ni écho désagréable. Le dialogue est vite écourté. En revanche, le désagrément est beaucoup moins sensible, voire totalement absent, lorsque vous appelez de la même ligne IP vers un numéro de téléphone fixe.

Temps de latence

Dernière difficulté : le temps de latence du réseau, c'est-à-dire le temps mis par les paquets de données à voyager entre les deux correspondants. Les joueurs en réseau connaissent bien ce délai et sa variabilité, très contrariants pour les jeux d'action en ligne qui exigent une grande réactivité.

Du fait du maillage serré mais complexe du réseau Internet, ce temps est difficilement prévisible à moins d'affecter à la voix des canaux privilégiés et, donc, plus coûteux. Ce temps de latence lié au réseau est d'autant plus gênant qu'il s'ajoute au temps de latence lié au traitement de la voix et de numérisation avant son envoi sous la forme de paquets de données IP.

La solution Skype

Pourtant, il existe des solutions de Voix sur IP qui parviennent à garantir une qualité optimale. Après plusieurs années de tâtonnements autour des logiciels de téléconférence ou de messagerie instantanée, un nouveau venu, Skype, est parvenu à démontrer que les conversations vocales *via* Internet n'étaient plus un simple gadget que l'on essayait de temps en temps pour l'abandonner bien vite à cause d'une certaine complexité de mise en œuvre ou pour l'inconfort des dialogues parasités.

Skype doit, il est vrai, ce succès à une technologie propriétaire et à l'utilisation du même logiciel aux deux extrémités de la "ligne". Mais le but est atteint : de Skype à Skype, la conversation est généralement fluide et sans coupures.C'est la raison pour laquelle Skype s'est imposé en très peu de mois et compte déjà des dizaines de millions d'utilisateurs à travers le monde. Et ce n'est pas fini !

Les protocoles et les normes de la Voix sur IP

Les logiciels et les équipements pour la Voix sur IP et la téléphonie Internet reposent pour la plupart sur un petit nombre de standards et de protocoles. Pour l'instant, les développeurs de Skype ont choisi la voie risquée d'un protocole propriétaire. Mais rien ne dit qu'il en sera toujours ainsi.

SIP

SIP (*Session Initiation Protocol*) est le standard "ouvert" pour la Voix sur IP. C'est grâce à celui-ci que différentes communautés peuvent communiquer entre elles à la fois par la voix, l'image ou la messagerie instantanée. Ce protocole a été conçu dès le départ pour permettre à des ordinateurs personnels de téléphoner *via* le réseau Internet. Il existe maintenant des téléphones capables de se connecter directement au réseau grâce à l'intégration de ce protocole SIP.

Ayant pour origine Internet – plus précisément l'IETF (*Internet Engineering Task Force*) qui fédère et coordonne tous les groupes de travail pour le développement et la normalisation d'Internet –, SIP a au départ été très critiqué par le monde des télécommunications. Aujourd'hui, il s'impose *via* les principaux acteurs de l'industrie de la téléphonie IP, même si certains d'entre eux, comme Cisco avec SCCP, tentent d'imposer des standards plus évolués mais propriétaires.

L'objectif de SIP est de faciliter le suivi des sessions d'échange en point à point sur le réseau. Il s'appuie sur un modèle à la fois centralisé et distribué et utilise un langage (appelé aussi méthode) qui ressemble beaucoup au protocole http employé lorsque l'on demande l'affichage d'une page Web dans son navigateur Internet.

Chaque terminal SIP – un ordinateur, un téléphone SIP (voir Figure 1.1) – est considéré comme un nœud. Tous les nœuds SIP peuvent communiquer entre eux sur le réseau. Mais le plus souvent, avant de démarrer une session, ils commencent par se connecter à un autre nœud qui joue pour eux le rôle de serveur SIP. Ce serveur SIP sera capable de repérer le terminal SIP qui l'interroge sur le réseau en gardant en mémoire son adresse IP.

Figure 1.1 : Un téléphone SIP Cisco.

Tout utilisateur est enregistré sous cette forme dans la base de données du serveur SIP :

sip:monnom@sip.nomdomaine.fr

- monnom : nom d'utilisateur attribué pour le service de téléphonie IP utilisé.
- nomdomaine : nom de domaine du serveur SIP.

L'emploi du préfixe sips: au lieu de sip: indique une session sécurisée par cryptage.

Une particularité intéressante du protocole SIP est que vous pouvez enregistrer plusieurs terminaux avec le même nom d'utilisateur SIP. Ainsi, en cas d'appel extérieur, vous pouvez faire "sonner" en même temps votre softphone (logiciel de téléphonie) à la maison et celui installé sur votre ordinateur au bureau. Idem avec les téléphones IP. Chacun est associé directement à un numéro de téléphone (le numéro n'est plus attaché à la ligne). Et rien n'empêche de déclarer le même numéro sur plusieurs téléphones IP installés dans différents locaux.

Un logiciel softphone reposant sur le standard SIP peut en principe communiquer gratuitement avec tout autre inscrit SIP même s'il n'utilise pas le même logiciel. Il suffit de connaître son pseudo ou numéro d'inscription et l'adresse du fournisseur du service SIP.

Les concepteurs de Skype ne se sont pas appuyés sur SIP pour leur développement. C'est l'une des raisons qui leur a permis de proposer un logiciel de téléphonie IP plus performant que la plupart des autres solutions disponibles sur le marché. Mais l'interface SIP s'impose même à Skype lorsqu'il s'agit de proposer aux utilisateurs Skype de communiquer vers les numéros fixes (SkypeOut) ou d'être appelés par un numéro fixe (SkypeIn). Dans ce dernier cas, Skype attribue un numéro SIP à l'utilisateur ayant opté pour SkypeIn.

H.323

Au contraire de SIP, piloté par les instances fondatrices d'Internet, le standard H.323, publié en 1996, est issu de l'industrie des télécommunications, en l'occurrence l'ITU-T (*International Telecommunication Union*, *Telecommunication Standardization Sector*). Il regroupe un ensemble de protocoles pour la communication de la voix, de l'image et de données sur IP.

Entre autres, les logiciels CU-See-Me et NetMeeting (voir Figure 1.2), premiers outils largement diffusés de téléconférence sur ordinateurs personnels, sont basés sur le H.323. Loin d'être obsolète, ce standard reste très utilisé au niveau des passerelles et des routeurs des opérateurs de télécoms. Issu de travaux pour les réseaux de type Numéris (norme H.320), le H.323 permettait la visioconférence en réseau local ou sur Internet, y compris sur des connexions bas débit. Il est quand même aujourd'hui un peu délaissé par les éditeurs de solutions softphones ou de softautocoms qui s'appuient sur les accès haut débit et sur le protocole SIP.

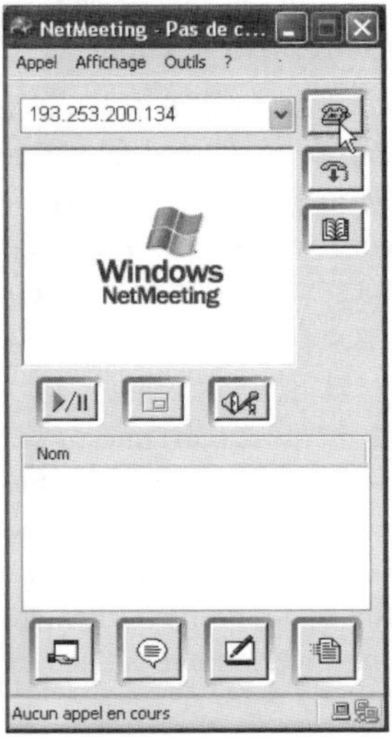

Figure 1.2 : Le logiciel d'audio et de visioconférence NetMeeting de Microsoft repose sur le standard H.323.

L'un des défauts du H.323 est d'ouvrir un peu au hasard, au cours d'une session, de multiples ports d'accès sur l'ordinateur d'accueil de l'application. Cela rend difficile la cohabitation des applications H.323 avec les logiciels pare-feu destinés à protéger les réseaux locaux.

Voix sur IP et Téléphonie sur IP

Les termes "Voix sur IP" (*Voice over IP*, souvent contracté en VoIP) et "Téléphonie sur IP" (ou "téléphonie Internet") désignent à peu près la même chose : l'utilisation du réseau Internet ou d'un réseau privé basé sur la même technologie – l'échange de paquets de données IP – pour transmettre la voix de point à point dans les deux sens.

Même si les deux termes sont bien souvent utilisés de manière interchangeable, nous allons tenter de les distinguer.

Voix sur IP

La Voix sur IP recouvre tous les usages permettant de tenir une conversation à distance à l'aide de sa connexion Internet. Parmi ces usages figure la Téléphonie sur IP. Mais ce n'est pas le seul.

De nombreuses solutions logicielles autorisent ces dialogues, le plus souvent d'ordinateur à ordinateur. Par exemple, le logiciel de conférence à distance NetMeeting ou les programmes de messagerie instantanée comme MSN, Yahoo! Messenger ou Google Talk mais surtout Skype qui, grâce à ses performances, sa simplicité d'emploi et son universalité, s'est imposé rapidement comme le meilleur outil de communication par la voix de PC à PC.

Tous les outils de Voix sur IP imposent les mêmes contraintes. Pour que deux personnes puissent dialoguer à distance, il faut qu'elles installent de préférence le même logiciel et qu'elles se communiquent d'une façon ou d'une autre leur nom d'utilisateur pour cette application, par exemple une identité MSN ou un nom d'utilisateur Skype (ces identités peuvent généralement être retrouvées dans un répertoire disponible sur Internet).

Téléphonie sur IP

La Téléphonie sur IP s'appuie sur les mêmes technologies que la Voix sur IP mais ses objectifs sont un peu différents. Elle vise au remplacement pur et simple de la téléphonie classique analogique. Chaque utilisateur est joignable depuis le réseau téléphonique par un numéro et un simple combiné téléphonique. Inversement, il peut appeler depuis son téléphone branché sur Internet n'importe quel numéro de ligne fixe ou de mobile dans le monde entier. Il retrouve aussi tous les services traditionnellement associés au téléphone analogique : transfert d'appels, boîte vocale, etc. Il existe de nombreuses solutions techniques pour s'équiper de la téléphonie IP.

Accès isolé

Pour un particulier, la téléphonie Internet est comprise en standard ou en option dans l'accès haut débit par l'ADSL ou le câble et l'abonnement souscrit auprès du fournisseur d'accès. Celui-ci associe une ligne de téléphonie IP au modem livré et à la ligne téléphonique analogique qui dessert le domicile (dans le cas de l'ADSL). Il suffit de raccorder un téléphone classique ou sans fil DECT au boîtier modem pour passer ses appels. La ligne de téléphone IP est active en permanence même si l'ordinateur utilisé pour surfer sur Internet est éteint. Elle est liée au matériel d'accès installé (le modem) et à la ligne analogique servant de support aux communications IP.

Accès partagé

Les professionnels et les entreprises doivent pouvoir partager des numéros téléphoniques entre plusieurs utilisateurs. En matière de téléphonie IP, ils ont le choix entre un équipement de type autocommutateur privé (ou PABX) basé sur la technologie IP et un accès de type IP Centrex.

La solution IP Centrex est recommandée pour les petites et moyennes structures qui ne disposent pas encore d'un équipement de type central téléphonique sophistiqué (et donc coûteux). Elle consiste à louer une ligne de communications haut débit spécialisée dédiée à la téléphonie IP entre les locaux de l'entreprise et le fournisseur de la solution IP Centrex (voir Figure 1.3).

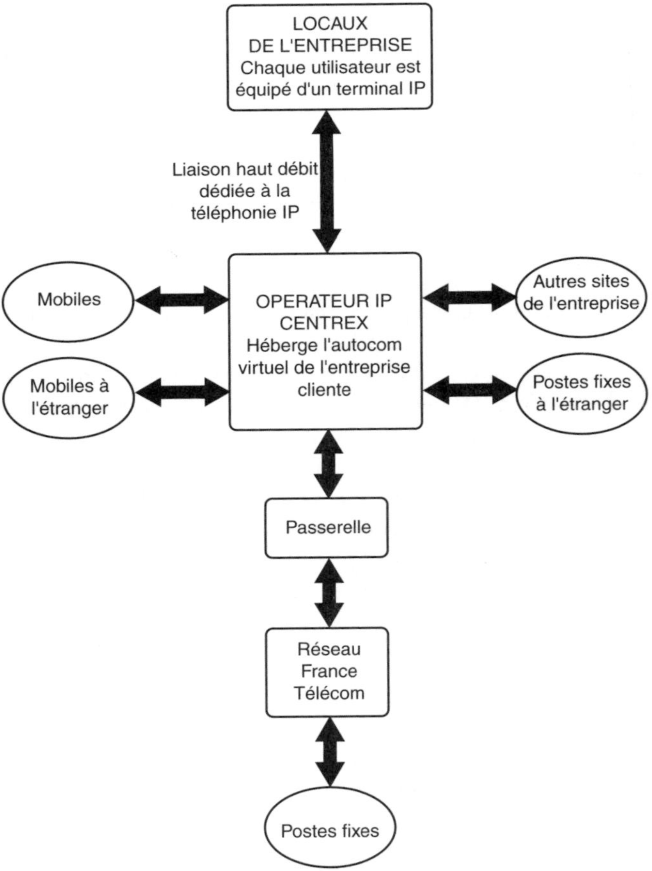

Figure 1.3 : Avec la solution IP Centrex, la gestion de la téléphonie est entièrement hébergée chez un prestataire extérieur à l'entreprise.

C'est chez ce prestataire que se trouvera l'autocom virtuel de l'entreprise avec tous les liens et toutes les passerelles vers le réseau téléphonique classique fixe et mobile. Plus de PABX donc à installer et à maintenir dans les locaux de l'entreprise cliente IP Centrex. Mais il est nécessaire de remplacer tous les combinés téléphoniques classiques par des terminaux IP à écran aux fonctionnalités étendues certes mais dont le coût peut être élevé. Ils s'installent directement sur le réseau local interne de l'entreprise, comme n'importe quel ordinateur équipé d'une prise réseau local. Il existe aussi des téléphones IP mobiles "Wi-Fi" (voir Figure 1.4) qui permettent de se déplacer dans l'entreprise tout en restant joignable sur son numéro IP fixe professionnel.

Figure 1.4 : Un combiné Wi-Fi pour la téléphonie IP.

Parmi les avantages de la solution IP Centrex figure la possibilité pour une entreprise de faire communiquer gratuitement plusieurs sites : le siège social, les agences, des magasins, des usines. Dans ce cas, les communications ne passent plus par un autre opérateur que le prestataire IP Centrex et elles ne font donc l'objet d'aucune facturation supplémentaire.

Le choix d'une installation de téléphonie IP de type IP Centrex est donc intéressant pour une entreprise de taille moyenne, surtout si elle dispose de plusieurs sites à raccorder entre eux. En revanche, pour les très petites entreprises, le recours à une ligne louée et à un prestataire extérieur reste relativement coûteux. C'est certainement sur le créneau des TPE de plusieurs salariés n'ayant pas encore d'autocom que Skype peut percer dans les entreprises. A condition de progresser encore en sécurité comme en fiabilité.

Les principales offres de Voix sur IP et de Téléphonie sur IP pour le grand public

Loin d'inaugurer l'ère de la voix sur IP démocratisée sur Internet, Skype fait partie des derniers arrivants sur le Web. Depuis les débuts d'Internet, les dialogues textuels et vocaux sont appréciés par beaucoup d'internautes, à commencer par les adeptes de ICQ (prononcez "I seek you", ce qui signifie "Je te cherche"), premier logiciel d'échanges et de chat sur Internet universellement connu. L'essor de la messagerie instantanée a encore fait un bond avec la généralisation des accès haut débit. Mais tous les outils de communication audio ne permettent pas de disposer de l'ensemble des fonctions de téléphonie, loin de là.

Figure 1.5 : ICQ, logiciel pionnier pour les échanges vocaux par Internet.

Voix sur IP

Les grands portails Internet comme MSN, Yahoo! ou AOL ont créé des outils de communication instantanée pour leurs membres. D'abord pour "chatter", puis pour dialoguer en audio et même en vidéo.

MSN Messenger

MSN est en premier lieu un outil de messagerie instantanée destiné à des groupes d'amis, des collègues de bureau ou des copains de classe. Mais il permet aussi des dialogues vocaux (ou vidéo à l'aide d'une webcam) entre deux contacts. Pour profiter de MSN, il suffit de télécharger le programme puis de demander un "passeport" Microsoft qui consiste simplement en une adresse de courrier électronique valide (éventuellement une nouvelle adresse hotmail peut être créée pour vous à cette occasion) associée à un mot de passe. Vous pouvez ensuite rechercher des contacts dans la base de données MSN ou en ajouter à votre liste. Le principe de fonctionnement est celui de la messagerie instantanée même pour la conversation audio.

Il faut entrer en contact avec un ami (voir Figure 1.6). S'il est présent – et s'il accepte la conversation –, le dialogue peut démarrer (voir Figure 1.7).

Figure 1.6 : L'appel d'un ami avec MSN Messenger.

MSN Messenger n'intègre pas encore de fonctions de téléphonie mais, depuis la version 7, il permet déjà, après achat par vos soins d'un forfait à coût modique, d'envoyer des SMS sur le téléphone mobile d'un ou de plusieurs de ses contacts. Une fonction très pratique pour ceux qui ne sont pas trop adroits pour saisir des messages courts sur le clavier de leur mobile.

Des fonctionnalités étendues de VoIP dans MSN Messenger, notamment la possibilité d'appeler des numéros de téléphones fixes ou de mobiles, sont attendues pour les prochaines versions qui seront

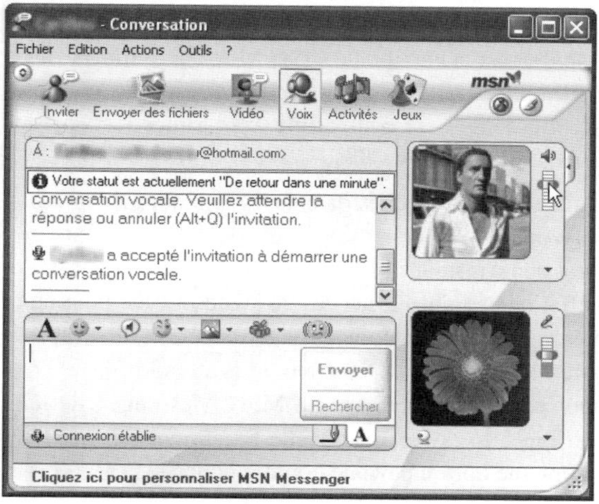

Figure 1.7 : Une conversation vocale MSN.

rebaptisées, à partir de la v8, "MSN Live Messenger". Cette perspective a été confirmée après le rachat par Microsoft de la start-up californienne Teleo. Les développements VoIP de celle-ci seront intégrés à la fois dans MSN Live Messenger (qui permettra l'appel vers les téléphones fixes avec Windows Live Call) et dans la prochaine version de Windows (Vista).

Vista pourrait en effet contenir un logiciel de téléphonie de base, voisin de Skype dans ses fonctionnalités, mais parfaitement compatible avec Outlook et Internet Explorer. Il suffira de cliquer sur un lien dans une page Web ou dans le carnet d'adresses de Outlook pour lancer un appel téléphonique *via* MSN Messenger.

MSN Messenger est disponible pour Windows, Mac OS, Pocket PC et les téléphones mobiles Smartphones et i-Mode.

A télécharger sur **http://www.msn.fr/**.

Windows Messenger

Windows Messenger est la version de MSN Messenger fournie avec Windows XP. Elle ne fonctionne que sur cette version de Windows alors que MSN Messenger est compatible avec toutes les versions de Windows à partir de Windows 98.

Les deux produits sont très proches dans leurs fonctionnalités. Lorsque l'on utilise Windows XP, il est recommandé de lancer Windows Messenger plutôt que d'installer MSN Messenger. Windows Messenger profite en effet de certaines avancées de Windows XP pour améliorer la qualité audio des communications : réduction du temps de latence et suppression de l'écho. Dès 2006, sans attendre Vista, Windows Messenger permettra, tout comme MSN Messenger, de téléphoner vers les lignes fixes *via* la nouvelle fonctionnalité Windows Live Call (qui sera une option payante comme pour Skype).

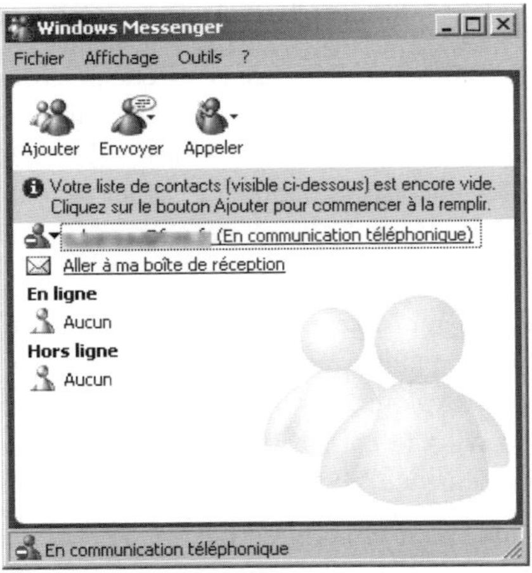

Figure 1.8 : Windows Messenger profite de certaines fonctionnalités avancées de Windows XP.

Windows Messenger s'installe en même temps que Windows XP. La dernière version est disponible *via* la fonction de mise à jour automatique Windows Update ou **http://www.microsoft.com/france/**. La mise à jour n'est possible que sur les configurations Windows XP correctement authentifiées.

Yahoo! Messenger

Disponible gratuitement sur le portail Web Yahoo!, ce messager est très proche dans ses fonctionnalités de MSN Messenger. Tout comme lui, il supporte les conversations audio (fonction Appeler l'ordinateur…, voir Figure 1.9). Mais pas la téléphonie vers les lignes fixes ni l'envoi de SMS. En revanche, depuis les dernières versions, les appels vocaux sont mis en avant dans l'interface et la qualité audio est au rendez-vous.

Une fonction pratique : lorsque vous tentez d'initier une conversation vocale et que votre correspondant est absent ou non disponible, vous basculez automatiquement vers sa boîte vocale pour enregistrer un message.

A télécharger sur **http://fr.yahoo.com/**.

GoogleTalk

Le leader mondial des moteurs de recherche s'intéresse désormais lui aussi à la Voix sur IP. Son logiciel GoogleTalk à l'interface très sobre (voir Figure 1.10) est basé sur le protocole Jabber/XMPP qui permettra à terme une interopérabilité entre les différents logiciels de messagerie instantanée et de Voix sur IP. Il devrait également supporter le standard ouvert SIP pour s'ouvrir vers la téléphonie fixe et mobile, ce qui n'est pas le cas dans la première version.

A télécharger sur **http://www.google.com/talk/**.

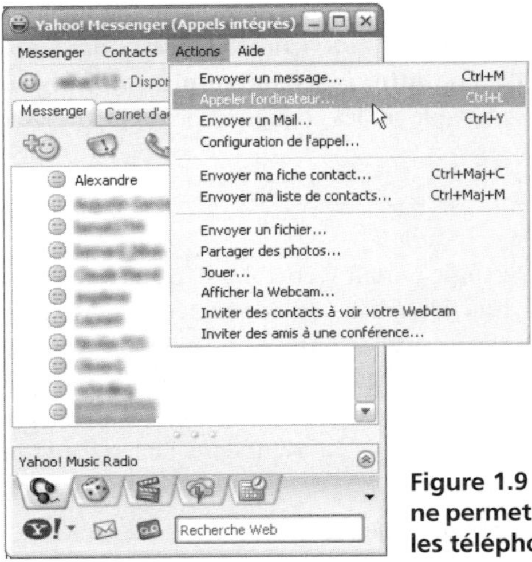

Figure 1.9 : Yahoo! Messenger ne permet pas encore d'appeler les téléphones fixes.

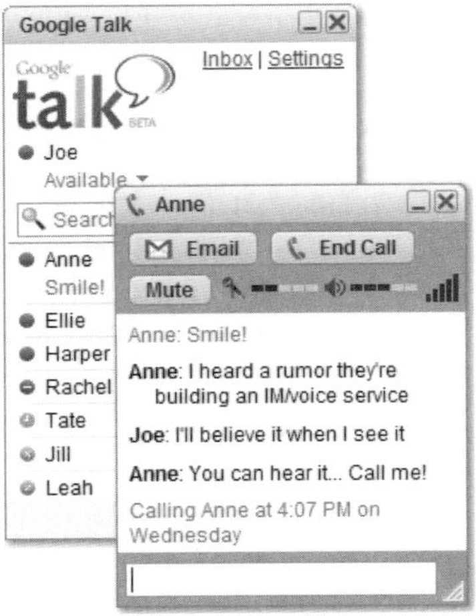

Figure 1.10 : Après la messagerie Gmail, Google a introduit GoogleTalk, pour la communication en direct (texte et voix).

Téléphonie Internet à partir d'un téléphone classique

La plupart des fournisseurs d'accès à Internet proposent des offres combinant un accès Internet haut débit avec une ligne téléphonique IP. Elles permettent de bénéficier d'une deuxième ligne de téléphone (en plus de la ligne téléphonique analogique) et de l'utiliser tout en profitant de son accès Internet pour visiter des sites Web ou pour consulter son courrier électronique.

Certains fournisseurs d'accès intègrent la téléphonie IP sans supplément de prix (Free). Pour d'autres, c'est une option payante mais à prix modique. Avec cette nouvelle ligne téléphonique, vous pouvez appeler gratuitement et de manière illimitée toutes les lignes fixes en France. Pour les appels vers les mobiles (en France et à l'étranger) et vers les lignes fixes à l'étranger, une redevance est prélevée et ajoutée automatiquement à votre facture d'abonnement Internet.

Ces options payantes de téléphonie IP (vous n'avez pas besoin d'avoir un ordinateur allumé pour en profiter) sont très intéressantes pour appeler des correspondants en Amérique du Nord (Etats-Unis et Canada) ou en Asie (Chine et Japon notamment). Autre avantage, vous bénéficiez d'une boîte vocale illimitée et vous pouvez être prévenu de l'arrivée de nouveaux messages par courrier électronique.

Free

La Freebox (voir Figure 1.11) a été le premier modem ADSL grand public à supporter la téléphonie IP. Il a inauguré en France l'ère du "triple play", soit trois offres en une : accès Internet, téléphonie IP et télévision par l'ADSL.

La téléphonie IP est possible pour tous les abonnés Freebox alors que la télévision par l'ADSL dépend de la qualité de la ligne téléphonique. Si la distance qui vous sépare du central téléphonique est supérieure à 2,5 kilomètres, le flux vidéo ne sera pas stable. Il faudra aussi que le central téléphonique soit raccordé au réseau fibre optique de Free pour la télévision ADSL.

Figure 1.11 : Avec la Freebox, la téléphonie IP vers les lignes fixes (IP ou non IP) en France est comprise dans le forfait.

Pour la téléphonie, les contraintes sont moins fortes car les exigences en matière de bande passante sont plus limitées. Cependant, si la distance qui vous sépare du central téléphonique excède 2,5 à 3 kilomètres, le confort des conversations téléphoniques peut être fortement dégradé.

Les utilisateurs de la Freebox disposent donc d'une ligne téléphonique IP non géographique (commençant par 087) dont ils peuvent choisir sur le site de Free une partie du numéro. Cette fonction de téléphonie est gratuite et comprise dans le forfait mensuel d'accès à Internet. Les communications sont totalement gratuites vers les lignes fixes en France. Les autres types de communications sont payantes et facturées en même temps que l'abonnement. Les tarifs vers l'étranger sont très inférieurs à ceux pratiqués par France Télécom ou d'autres opérateurs.

Wanadoo

Face à la Freebox, Wanadoo a lancé la Livebox (voir Figure 1.12). Ce modem triple play intègre des fonctionnalités de téléphonie IP équivalentes à celles de Free mais, chez Wanadoo, il s'agit d'une option payante. Particularité de l'offre téléphonie IP de Wanadoo, la bande passante est réservée. Même si vous utilisez intensément votre accès Internet ou que vous zappez en même temps sur les programmes de Ma Ligne TV (la télévision par l'ADSL de France Télécom), les conversations téléphoniques sur la ligne IP ne devraient pas être notablement perturbées.

Figure 1.12 : Sur la Livebox de Wanadoo comme sur les autres boîtiers triple play, l'abonné peut brancher directement un téléphone classique ou une base DECT pour profiter de sa ligne téléphonique IP.

Une autre particularité de l'offre Wanadoo est le basculement automatique des communications entre la ligne IP et la ligne analogique. Si, pour une raison ou pour une autre, la ligne IP est indisponible (dans le cas où l'accès Internet est en dérangement, par exemple), l'appel téléphonique depuis le combiné branché sur la Livebox est automatiquement acheminé par la ligne analogique sans intervention de l'utilisateur.

Neuf Cegetel

La Neuf Box (voir Figure 1.13) propose en option pour quelques euros par mois la "téléphonie illimitée". Même si ce n'est pas précisé, il s'agit bien de la ligne IP accessible en branchant un combiné sur la Neuf Box et le caractère illimité s'entend seulement pour les appels vers les lignes fixes en France. L'offre de Neuf est donc comparable à celle de Wanadoo mais elle devrait évoluer suite à la fusion avec Cegetel.

Figure 1.13 : La Neuf Box est compatible avec la téléphonie IP.

AOL

Dernier venu à la téléphonie IP parmi les grands fournisseurs d'accès Internet sur le marché français, AOL a lancé dernièrement sa propre "box" (voir Figure 1.14). Un produit original puisqu'il intègre d'emblée un combiné téléphonique sans fil d'origine Thomson-Inventel (DECT) en option. Le numéro de téléphonie IP associé est de type géographique. Pour le reste, l'offre d'AOL est classique et plutôt chère par rapport aux canons du marché édictés par Free. AOL s'appuie sur les infrastructures de Neuf Télécom.

Figure 1.14 : La AOLbox comprend en option un téléphone sans fil.

Wengo Wenbox

Wengo est une offre de téléphonie Internet un peu particulière car indépendante des fournisseurs d'accès (même si Wengo est une filiale de Neuf Télécom). Elle permet d'ajouter la téléphonie IP à un accès Internet classique (sans téléphonie IP) par l'ADSL ou par le câble. Wengo est animée par David Bitton qui avait auparavant créé Oreka, pionnier de l'accès Internet gratuit. Très proche de Skype dans sa conception, Wengo mérite un éclairage particulier.

Le produit principal de Wengo consiste en un petit boîtier (la Wenbox) qui vient s'intercaler entre la prise téléphonique (et le modem ADSL) et l'ordinateur *via* une prise USB ou une prise Ethernet selon le modèle.

La Wenbox Ethernet qui s'intercale entre l'ordinateur et le modem ADSL ou câble (voir Figure 1.15) peut fonctionner ordinateur éteint. La Wenbox USB est alimentée électriquement par le port USB de l'ordinateur et ne fonctionne donc que lorsque celui-ci est allumé.

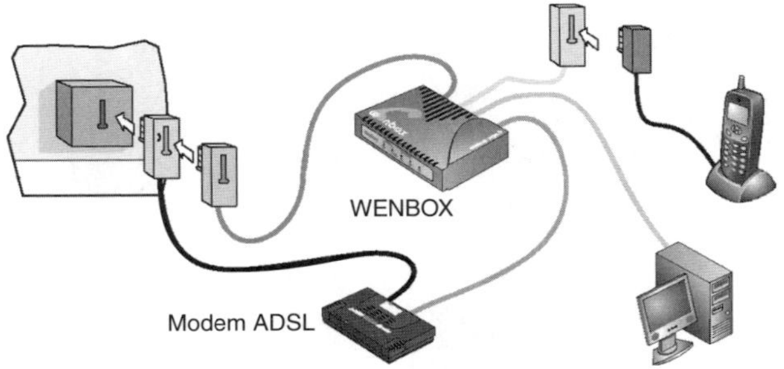

Figure 1.15 : Le schéma d'installation de la Wenbox.

Un numéro de téléphone géographique (commençant par 01, 02, 03, 04 ou 05 selon le lieu de résidence) vous est attribué lors de la souscription. Le combiné téléphonique vient se brancher directement sur la Wenbox. Il est possible de gérer depuis celui-ci à la fois la ligne téléphonique IP et la ligne téléphonique analogique.

Pour sélectionner cette dernière, il suffit de commencer la numérotation par *. Mais vous pouvez préférer disposer de deux lignes indépendantes avec des combinés séparés : l'un pour la ligne IP, l'autre pour la ligne analogique. La ligne téléphonique doit être compatible ADSL et donner accès à l'Internet haut débit.

Tout comme les Freebox et Livebox, la Wenbox ne peut être utilisée que pour se connecter aux serveurs de téléphonie de son concepteur, Wengo.

Vox et Annatel

De nouveaux acteurs apparaissent régulièrement sur le marché de la téléphonie IP sans PC. En plus de Wengo, on peut citer le boîtier OneVox et le logiciel MyVox de Vox IP Télécom (**http://www.myvox.fr/**) et leurs équivalents Annabox et Annasoft chez Annatel Networks (**http://www.annatel.net/**), un autre opérateurs français de téléphonie Internet. Tout comme Wengo, Vox IP Télécom et Annatel ciblent les abonnés à l'Internet haut débit qui n'ont pas opté pour une offre triple play. A noter que Vox IP Télécom a basé sa solution non pas sur les classiques standard SIP ou H.323, mais sur le protocole Open Source IAX.

Téléphonie Internet à partir d'un ordinateur

Pour téléphoner directement à partir de votre ordinateur, en mains libres avec un ensemble micro et haut-parleurs ou avec un casque-micro, des logiciels dits "softphones" vous sont proposés.

Wengophone

En plus de la Wenbox, Wengo fournit une solution softphone (logiciel de Voix sur IP), le Wengophone.

Grâce à ce petit programme, vous pouvez vous passer de la Wenbox si vous n'avez pas de combiné à lui raccorder ou si vous préférez téléphoner à partir d'un ordinateur de bureau ou d'un ordinateur portable équipé d'un micro ou d'un casque-micro.

Le Wengophone permet bien sûr de discuter avec d'autres utilisateurs du Wengophone, mais aussi d'envoyer des messages SMS ou de passer des appels depuis son ordinateur vers des lignes fixes. Ces deux dernières fonctions sont payantes et supposent l'achat préalable d'un crédit de "Wengo's" par carte bancaire sur le site Wengo.

Avec le développement des points d'accès Wi-Fi dans les lieux publics et les entreprises, vous pouvez ainsi très facilement, à l'aide d'un casque-micro, passer des appels depuis un ordinateur portable vers des numéros fixes ou de mobiles dans le monde entier à un coût très modique.

Cette offre Wengophone est assez comparable dans son principe à Skype. Tout comme Skype, le Wengophone est disponible gratuitement en téléchargement sur le site Internet de Wengo (**http://www.wengo.fr**).

Après téléchargement et installation du Wengophone, vous devez créer un compte Wengo en indiquant une adresse Internet valide et un pseudo de votre choix pour communiquer avec la communauté Wengo. Un mot de passe est automatiquement généré (voir Figure 1.16). Avec celui-ci, vous pouvez ouvrir une session après avoir validé l'inscription en répondant au message envoyé par Wengo à l'adresse indiquée.

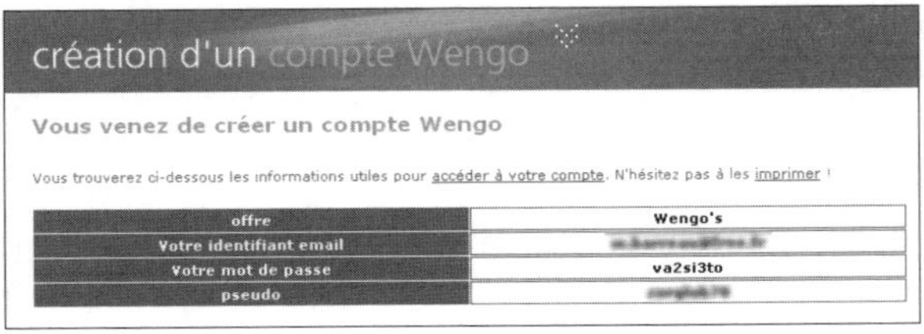

création d'un compte Wengo
Vous venez de créer un compte Wengo
Vous trouverez ci-dessous les informations utiles pour accéder à votre compte. N'hésitez pas à les imprimer !
offre
Wengo's
Votre identifiant email
Votre mot de passe
va2si3to
pseudo

Figure 1.16 : Création du compte Wengo.

Dès lors, vous pouvez immédiatement communiquer gratuitement avec d'autres utilisateurs du Wengophone. Après avoir acheté un crédit de Wengo's sur le site Wengo, vous pourrez aussi téléphoner vers des lignes fixes ou envoyer des SMS. Les tarifs sont raisonnables : 10 centimes d'euro pour un SMS.

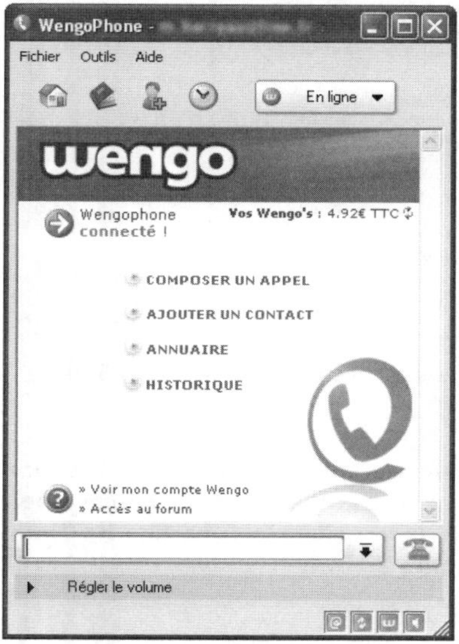

Figure 1.17 : Le Wengophone prêt à appeler.

Le Wengophone est un logiciel Open Source sous licence GNU/GPL. Il peut donc être redistribué gratuitement et même modifié par d'autres développeurs. Cette particularité par rapport à Skype permet, selon Wengo, de garantir sa pérennité et sa compatibilité avec d'autres systèmes d'exploitation comme Linux, Mac OS, Pocket PC et Symbian. Les produits Wengo supportent également, contrairement à Skype, le standard SIP (lire l'encadré qui suit).

A propos
wengo
WengoPhone 0.949
WengoPhone
WengoPhone
Copyright (C) 2004-2005 Wengo www.wengo.fr
Ce programme est un logiciel libre, vous pouvez le redistribuer et/ou
le modifier selon les termes de la GNU General Public License
publiée par la Free Software Foundation (version 2 ou bien toute
autre version ultérieure choisie par vous).
WengoPhone utilise les différents composants listés ci-dessous:
- eXosip, Copyright (C) Aymeric Moizard, publié sous licence GNU GPL
- oSIP, Copyright (C) Aymeric Moizard, publié sous licence GNU LGPL
- oRTP, Copyright (C) Simon Morlat, publié sous licence GNU LGPL
- trayicon Copyright (C) Justin Karneges, publié sous licence GNU LGPL
- libvcard Copyright (C) Rik Hemsley
Numéro de version WengoPhone : 20050729161539
Dernière version disponible : 20050729161539
Mettre a jour si possible...
OK

Figure 1.18 : Le Wengophone est un programme Open Source.

Il existe des solutions comparables au boîtier Wenbox pour la téléphonie IP mais utilisant Skype comme logiciel de Voix sur IP. Parmi elles, la Cyberbox de Tiptel présentée au Chapitre 3.

Net2Phone

Net2Phone a été l'un des pionniers de la téléphonie Internet de type softphone vers les lignes fixes. Toujours disponible en téléchargement gratuit, le logiciel Net2Phone CommCenter est basique dans ses fonctionnalités avec des communications gratuites de PC à PC équipés du logiciel et des appels payants vers les lignes fixes dans le monde entier. Mais attention, avec l'arrivée de nouveaux acteurs "locaux" comme Free ou Wengo, les tarifs proposés ne sont pas toujours très compétitifs, y compris pour les communications vers les Etats-Unis.

A télécharger sur **http://www.net2phone.com/french/**.

Figure 1.19 : Net2Phone est l'un des plus anciens logiciels de téléphonie IP.

Asterisk

Asterisk n'est pas un simple logiciel softphone à installer sur son PC. C'est un "softautocom", un véritable petit central téléphonique complet et gratuit bâti autour d'un simple PC. Une aubaine quand on connaît le prix de ce genre de matériel dans le commerce.

Fonctionnant sous Linux, compatible avec le standard SIP, Asterisk gère le réseau téléphonique privé et l'accès aux opérateurs extérieurs. Les postes téléphoniques classiques peuvent être reliés au PC équipé d'Asterisk moyennant l'ajout de cartes d'extension spécifiques. Il est plus simple et finalement plus économique d'investir dans des téléphones SIP qui seront branchés directement sur le réseau local Ethernet. Chaque téléphone SIP dispose de son propre identifiant.

Pour l'interface avec l'extérieur, vous avez là aussi le choix entre :

- installer une ou plusieurs cartes dans le PC Asterisk afin de leur connecter des lignes téléphoniques classiques ;
- passer par un opérateur tiers pour les appels entrants et sortants vers les lignes fixes classiques et les mobiles.

A télécharger sur **http://asteriskathome.sourceforge.net/**.

Figure 1.20 : L'interface d'administration d'Asterisk.

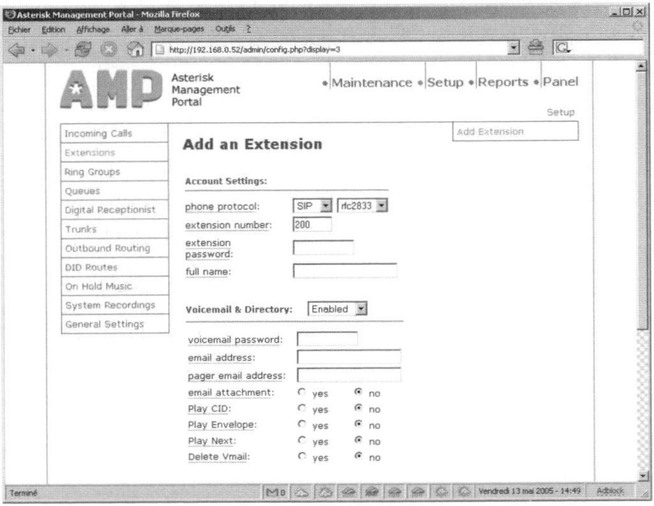

Figure 1.21 : L'ajout d'un poste téléphonique IP sur le réseau local.

Figure 1.22 : Le Skyfone WM1185T de Accton, premier téléphone IP à technologie Skype.

Chapitre 2

Les secrets de Skype

Lancé seulement en 2003, bien après les messageries instantanées qui firent les beaux jours d'AOL, de MSN ou de Yahoo!, Skype est devenu pourtant un pionnier dans le domaine de la communication audio. Quels sont ses ambitions et ses secrets ? Pourquoi s'est-il imposé si vite auprès de plus de 60 millions d'utilisateurs dans le monde ?

skype
The whole world
can talk for free.
205,159,967 downloads.

Figure 2.1 : Seulement six mois de développement et plus de 200 millions de téléchargements en moins de deux ans.

Les ambitions de Skype

Au départ, l'idée des inventeurs de Skype était de réaliser un petit programme softphone gratuit, ultra-léger et très facile à installer pour communiquer vocalement de PC à PC, sans fioritures et fonctions gadgets inutiles, avec surtout une excellente qualité sonore, supérieure à la qualité du réseau téléphonique traditionnel.

Les solutions adoptées pour remplir ce cahier des charges ne sont pas des innovations révolutionnaires. Mais combinés entre eux, ces composants technologiques créent un produit qui répond très bien à l'attente de l'utilisateur.

Que signifie le mot "skype" ? Ne cherchez pas. Janus Friis (voir Figure 2.2) et Niklas Zennström, fondateurs de Skype, l'ont annoncé dès le départ de l'aventure en 2003. Skype (prononcez "skaïpe") n'a absolument aucune signification reconnue. Mais beaucoup d'ambitions. Devenir un mot d'usage commun. "Je te skype tout à l'heure", entend-on déjà dans les bureaux des adeptes du logiciel.

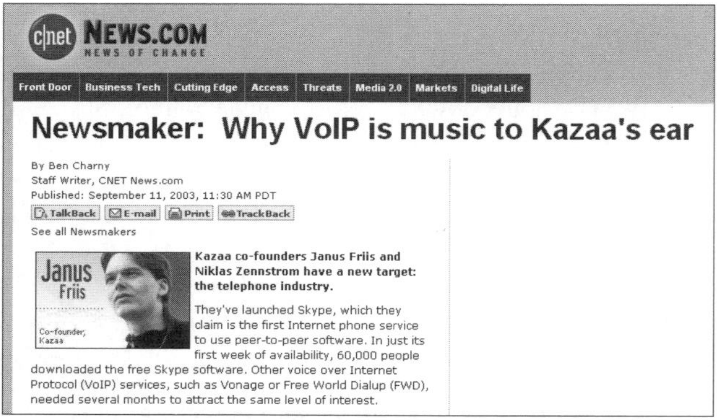
c|net NEWS.COM
NEWS OF CHANGE

Front Door | Business Tech | Cutting Edge | Access | Threats | Media 2.0 | Markets | Digital Life

Newsmaker: Why VoIP is music to Kazaa's ear

By Ben Charny
Staff Writer, CNET News.com
Published: September 11, 2003, 11:30 AM PDT

TalkBack | E-mail | Print | TrackBack

See all Newsmakers

Janus Friis
Co-founder, Kazaa

Kazaa co-founders Janus Friis and Niklas Zennstrom have a new target: the telephone industry.

They've launched Skype, which they claim is the first Internet phone service to use peer-to-peer software. In just its first week of availability, 60,000 people downloaded the free Skype software. Other voice over Internet Protocol (VoIP) services, such as Vonage or Free World Dialup (FWD), needed several months to attract the same level of interest.

Figure 2.2 : La première interview de Janus Friis sur news.com, peu après le lancement de Skype.

De PC à PC, malgré les pare-feu

La fonction de Voix sur IP de PC à PC est maintenant la fonctionnalité de base, beaucoup d'autres s'étant ajoutées au fil des versions. Mais elle reste essentielle et, bien sûr, gratuite. Il fallait aussi que ce nouveau softphone puisse franchir les obstacles qui se présentent le plus souvent entre le réseau local dans l'entreprise ou à la maison (routeur, pare-feu) et le vrai réseau Internet, afin que tout utilisateur Skype puisse appeler un autre utilisateur situé derrière un routeur NAT et inversement.

Le routage NAT (*Network Address Translation*) consiste à créer une table de correspondance d'adresses IP de manière que des ordinateurs en réseau aient l'illusion d'être directement connectés à Internet avec une vraie adresse IP alors qu'ils ne disposent que d'une adresse interne. Le routeur ou le PC passerelle traduit chaque requête émanant du réseau en y intégrant sa propre adresse IP "externe" afin que le serveur interrogé sache renvoyer la page demandée vers la passerelle. Lorsque la page parvient au routeur ou au PC passerelle, le logiciel NAT fait l'opération inverse pour router les données vers l'adresse IP interne qui les a demandées. C'est la technique qui est utilisée par l'ICS (*Internet Connection Sharing*), une fonction intégrée dans Windows.

Une qualité sonore supérieure au téléphone

Pour ce qui est des dialogues audio sur Internet, Skype n'est pas une véritable innovation. Beaucoup d'autres logiciels gratuits proposaient déjà avant Skype de "chatter" à distance sans téléphone. Netmeeting, puis les "messagers" comme ICQ, MSN ou Yahoo! Messenger ont ouvert la voie. Mais avec ces outils, les conversations étaient loin d'être agréables. Même dans des conditions optimales, connexion haut débit, sans sifflement ni coupures, leur usage tenait plus du talkie-walkie que du téléphone numérique.

Qu'a apporté Skype dans ce domaine de la qualité sonore des conversations par Voix sur IP ? Tout simplement, si l'on peut dire, un protocole nouveau, donc "propriétaire", non compatible avec le standard de l'industrie SIP, mais capable d'optimiser les communications entre deux points du réseau Internet (ou plus) équipés du même logiciel.

Le secret tient aussi dans le choix des codecs, logiciels utilisés pour compresser et décompresser la voix aux deux extrémités du réseau. Pour ces codecs, Skype a choisi VoiceEngine fourni par GIPS (*Global IP Sound*), un spécialiste des périphériques et des téléphones mobiles installé à San Francisco qui devrait bientôt sortir un casque-micro sans fil embarquant une version légère de Skype. VoiceEngine a été spécialement conçu pour les applications vocales des ordinateurs personnels et des assistants numériques (PDA).

Ces codecs VoiceEngine atteignent une fréquence audio de 7 kHz au lieu de 3,4 kHz seulement sur le réseau téléphonique traditionnel. Résultat : la qualité est remarquable avec comme premier avantage une reconnaissance beaucoup plus facile de la voix de ses correspondants.

Plus fort encore, Skype est capable d'adapter le codec à la qualité de la liaison Internet à tout moment. Si vous ne disposez pas d'une connexion haut débit ou si, brutalement, la qualité de la connexion se dégrade, Skype corrige le tir en temps réel pour maintenir la communication.

Le P2P appliqué à la téléphonie

Skype a également fait sien le concept de téléphonie P2P. Popularisé avec le partage de fichiers par Internet, le Peer To Peer transforme chaque poste utilisateur en serveur Internet. Skype met en œuvre certaines techniques P2P pour tenir à jour le répertoire de ses utilisateurs de manière très décentralisée sans avoir recours à un gigantesque annuaire central qui serait rapidement saturé par les millions de connexions simultanées au réseau. Ceci facilite beaucoup la rapidité de connexion au réseau, notamment lorsque, au cours de la journée, vous vous connectez avec la même identité Skype à partir d'ordinateurs différents (donc avec une adresse IP physique variable). Cette architecture permet aussi de maintenir beaucoup plus facilement sur le réseau les informations de présence, de statut et d'activité des contacts enregistrés.

Les supernodes

Pour concevoir ce réseau décentralisé, Skype crée au sein même de son maillage d'utilisateurs des super-utilisateurs ou supernodes par lequels transitent en permanence des informations permettant de mettre à jour le répertoire décentralisé. Certains utilisateurs assidus de Skype peuvent ainsi constater qu'une petite partie de leur bande passante Internet est consommée en permanence par ce trafic.

Cette idée de supernode est également mise en œuvre par le réseau de partage de fichiers KaZaA. Le Suédois Niklas Zennström, PDG et cofondateur de Skype, a été quelques années auparavant l'un des codéveloppeurs du réseau FastTrack et de KaZaA. Mais le défi technique de Skype est encore plus audacieux que celui de KaZaA. Avec ce dernier, vous pouvez rechercher et télécharger des fichiers, en général musicaux, dont des copies multiples (parfois des milliers) sont disponibles sur le réseau. Peu importent la ou les copies téléchargées à partir du moment où elles sont identifiées comme correspondant au MP3 choisi. Avec Skype, chaque utilisateur est unique et doit s'identifier très vite sur le réseau avant de connaître le statut de tous ses contacts habituels.

Comment se passe une connexion au réseau Skype ?

Après l'installation de Skype sur votre ordinateur, comment se passe la première connexion au réseau ? Au départ, votre logiciel est un pur "client" Skype (et non un serveur) car il n'est pas encore connu sur le réseau (vous n'êtes pas identifié). Il va utiliser quelques adresses IP logées dans les paramètres de configuration standard pour se connecter à au moins un serveur Skype permanent, probablement rattaché au domaine skype.com. A partir de ce serveur, le client Skype va rapatrier les adresses de supernodes qui vont lui permettre de s'intégrer vraiment au réseau. A chaque connexion, les informations concernant les supernodes vont être actualisées, tout comme les informations sur les contacts (les *buddies* dans la version originale) avec la vraie adresse IP sur laquelle ils ont été détectés lors de la dernière mise à jour.

Vous pouvez ainsi les appeler sans aucun délai de recherche complémentaire de poste à poste et sans passer par un serveur central.

Pare-feu et sécurité

Pour s'affranchir des obstacles tels que les pare-feu et les routeurs, Skype est capable, comme beaucoup de programmes P2P, d'acheminer le trafic voix à travers le port TCP 80 (en plus du port 61112 utilisé par défaut), utilisé pour l'affichage des pages Web. Ainsi, tous les postes d'un réseau local ayant accès au Web doivent pouvoir utiliser Skype sans problème même si des pare-feu sont installés sur le routeur et le poste de travail lui-même. Seule exception : les réseaux pour lesquels le trafic HTTP (pages Web) transite par un serveur proxy faisant office de sas entre réseau local et réseau Internet.

Certains utilisateurs s'inquiètent de la faible sécurité des communications vocales avec Skype. Les services de contre-espionnage déconseillent même l'usage de Skype dans les milieux scientifiques sensibles. Comme pour tout échange *via* Internet, il est pratiquement impossible d'atteindre le niveau de sécurité offert par le réseau téléphonique commuté (si l'on excepte les possibilités d'écoutes téléphoniques). Skype utilise pourtant un cryptage appelé AES (*Advanced Encryption Standard*) avec une clé sur 256 bits qui offre des garanties largement suffisantes pour les usages courants.

Skype en résumé

Skype a été créé en 2003 par Janus Friis et Niklas Zennström, les deux principaux développeurs du réseau Fast Track et de KaZaA. La première version bêta du logiciel Skype a été rendue disponible en téléchargement le 23 août 2003. Le siège de Skype est aujourd'hui situé au Luxembourg, et les bureaux et les serveurs sont installés à Londres et à Tallin en Estonie.

Les chiffres clés

Skype a été téléchargé plus de 200 millions de fois depuis son apparition sur Internet en 2003. Mais ce chiffre sera vite dépassé. Le logiciel est maintenant téléchargé plus d'un million de fois par jour dans toutes les langues (voir Figure 2.3). Plus de 10 téléchargements par seconde. Plus de 60 millions d'utilisateurs se sont enregistrés (beaucoup l'ont téléchargé à plusieurs reprises pour profiter de ses dernières améliorations). Et il n'est pas rare de dénombrer 3 à 4 millions d'utilisateurs simultanés.

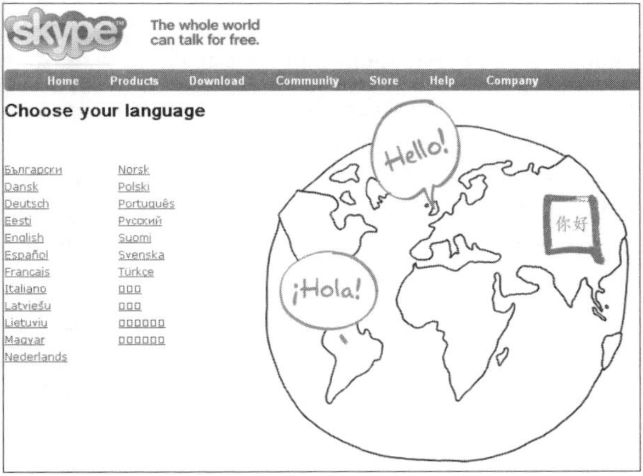

Figure 2.3 : Le site Skype est disponible dans de nombreuses langues. Mais toutes les versions ne sont pas aussi bien localisées que la version Windows.

Un tiers des inscrits utilisent Skype dans un cadre professionnel et une proportion non négligeable, de l'ordre de 10 %, ont fait de Skype leur système de téléphonie principal sinon unique.

Selon Skype, la communauté compterait déjà près de 3 millions de Français dont 5 % utilisent les services payants de Skype (SkypeOut pour les appels vers les numéros fixes et SkypeIn pour l'attribution d'un numéro fixe...).

Le rachat par eBay

En septembre 2005, Skype a été racheté par eBay, le leader mondial de la vente aux enchères en ligne, pour le montant énorme de 2,6 milliards de dollars, moitié en numéraire, moitié en échange d'actions. Une transaction énorme compte tenu du fait que Skype n'était alors qu'en phase de démarrage et ne dégageait qu'un chiffre d'affaires annuel de l'ordre de 60 millions de dollars.

L'ambition de eBay est de faciliter les échanges entre les participants à ses enchères, aussi bien par les conversations vocales en direct que par les nouveaux moyens de paiement comme PayPal. On peut également imaginer que les crédits achetés pour SkypeOut ou d'autres services payants Skype servent à authentifier un acheteur et à régler tout ou partie de ses achats sur eBay.

Ce rachat retentissant ne devrait pas empêcher la carrière solo de Skype, que les internautes utilisent ou non des services d'enchères de eBay. Les dirigeants de Skype doivent d'ailleurs rester en poste jusqu'à nouvel ordre.

La configuration nécessaire pour utiliser Skype

La configuration nécessaire pour pouvoir utiliser Skype est plutôt modeste :

- Un PC (ou un Macintosh) équipé de haut-parleurs et d'un microphone ou d'un casque-micro. Ce dernier est très utile pour converser tout en continuant à utiliser souris et clavier.
- Une connexion Internet, de préférence à haut débit, mais ce n'est pas indipensable. Skype sait s'adapter à une connexion RTC à 56 Kbps maximum.

Avec un casque-micro sans fil Wi-Fi ou Bluetooth, le mains-libres est encore amélioré. Vous pouvez également vous équiper d'un combiné téléphonique compatible Skype (voir Figure 2.4) que vous branchez sur une prise USB de votre ordinateur.

Figure 2.4 : Un IP Phone compatible Skype à brancher sur le port USB de votre ordinateur.

Skype fonctionne sur tous les systèmes d'exploitation disponibles sur les ordinateurs personnels :

- **Windows.** Les versions 2000, XP ou ultérieures sont recommandées. Les anciennes versions Windows 98 et Me ne sont pas supportées officiellement à cause de certaines incompatibilités de drivers pour la vidéo mais elles fonctionnent pour les communications vocales.
- **Mac OS X v10.3 (Panther) ou plus récent.**

- **Linux.** Les principales distributions (Debian, SuSE, Gentoo, Fedora, etc.) fonctionnent avec Skype pour Linux. Configuration minimale requise : vous devez avoir installé au préalable la bibliothèque C glibc 2.3.3 et la bibliothèque graphique Qt 3.2.

Skype est également disponible pour les appareils mobiles de type Pocket PC et Smartphones. Un développement sur les téléphones mobiles équipés du système Symbian est en cours.

Après l'audio, la webcam

Dans cet ouvrage, nous présentons la version 1.4. Cette édition est encore très proche du Skype original de 2003 mais avec des fonctions de Voix sur IP désormais bien stabilisées.

L'évolution déterminante se trouve dans la version 2.0 avec l'intégration des webcams et de la visiotéléphonie entre deux internautes qui ne sont pas supportées dans les premières versions. Comme pour la Voix sur IP, Skype doit apporter des améliorations déterminantes en termes de fiabilité et de facilité d'installation même si les dialogues par webcams sont loin d'être une nouveauté.

L'effort a également été porté sur l'amélioration des fonctions de sécurité qui ont été à plusieurs reprises mises en cause avec l'arrivée notamment des premiers chevaux de Troie ciblant les utilisateurs de Skype.

Skype 2.0 devrait être disponible pour les PC sous Windows en janvier 2006. Les éditions pour Mac OS, Linux et Pocket PC sont prévues plus tard en 2006.

Chapitre 3

Installer Skype

L'un des points forts de Skype est sa facilité d'installation. L'opération ne prend jamais plus de quelques minutes et, lorsqu'elle est réalisée à partir d'un ordinateur connecté à un réseau local, ne demande pas d'intervenir sur les réglages du routeur ou du pare-feu. Cette installation s'effectue en trois étapes : le téléchargement depuis le site de Skype, la personnalisation de votre logiciel Skype à l'aide d'un assistant, la création de votre compte Skype. La procédure décrite en détail dans les sections suivantes s'applique au cas le plus courant, celui des ordinateurs de bureau ou des portables de type PC sous Windows XP.

Téléchargement de Skype

Le téléchargement de Skype peut s'effectuer aussi bien depuis le site Web **www.skype.com** (ou **skype.fr** lorsqu'il sera accessible) que depuis les grands sites de téléchargement comme **www.telechar-ger.com** (voir Figure 3.1). Pour cette présentation de la procédure d'installation de Skype 1.4, nous passerons par le portail de Skype.

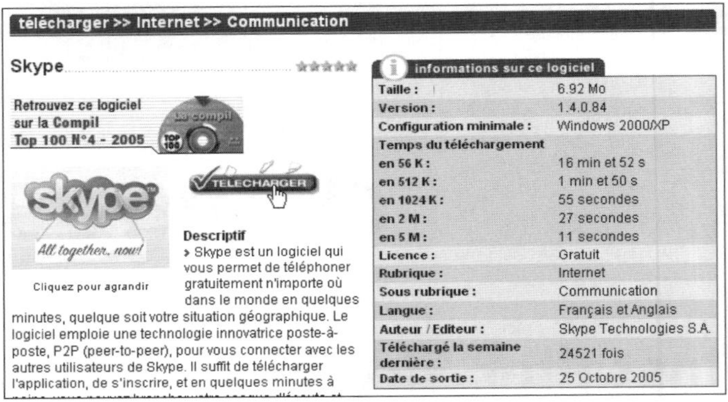

Figure 3.1 : Téléchargement de Skype depuis le site telecharger.com.

Choisir la langue

Pour choisir la langue d'interface :

1. Ouvrez votre navigateur Internet et affichez la page d'accueil de **www.skype.com/**.
2. Cliquez sur la bulle contenant des petits drapeaux et donnant accès aux différentes langues d'interface (voir Figure 3.2).
3. Dans la page Choose your language, sélectionnez la langue française (voir Figure 3.3).

Vous pouvez également accéder directement à la page de langues d'interface en lançant la visite du site Skype avec l'adresse http://www.skype.com/intl/fr/.

Figure 3.2 : Pour changer la langue d'interface, cliquez sur la bulle des drapeaux en haut à droite.

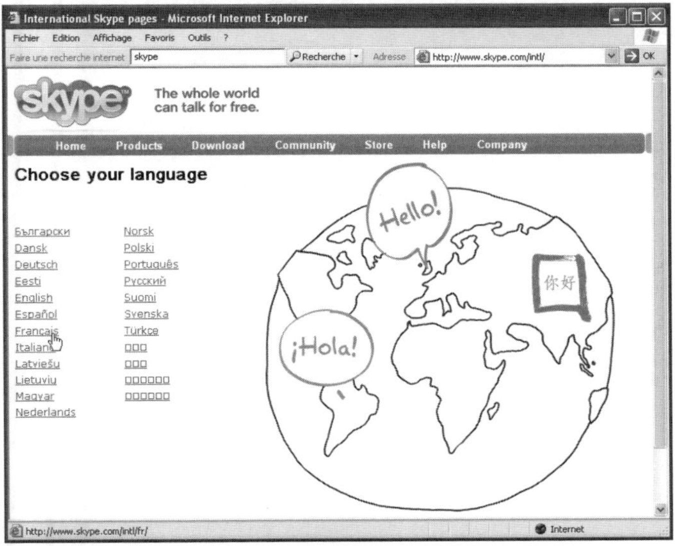

Figure 3.3 : Choix de la langue d'interface.

Transférer des données

Une nouvelle page d'accueil s'affiche en français. Au passage, votre système d'exploitation a été reconnu automatiquement. Vous n'aurez pas à le préciser si vous voulez installer Skype sur l'ordinateur dont vous vous servez pour visiter le site de Skype.

1. Lancez le téléchargement de Skype en cliquant sur le lien proposé (voir Figure 3.4).

Figure 3.4 : Lancement du téléchargement.

2. Vous devez encore confirmer le téléchargement dans la page suivante qui vous précise le numéro de la version disponible (voir Figure 3.5).

Figure 3.5 : Le numéro de version est indiqué ici.

3. La boîte de dialogue de téléchargement doit s'ouvrir alors et vous proposer soit d'exécuter, soit d'enregistrer le fichier. Le plus simple est d'opter pour Exécuter (voir Figure 3.6).

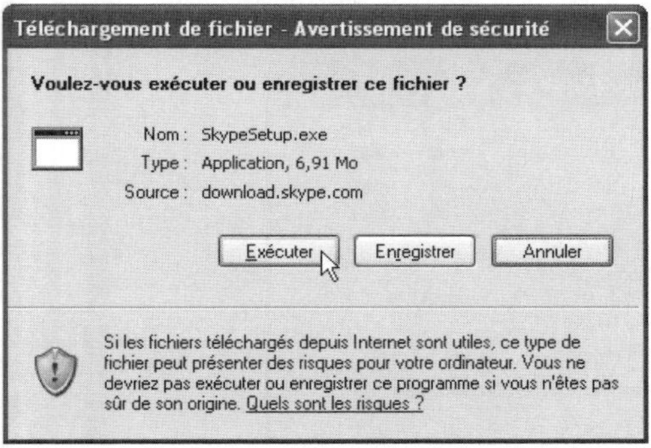
Téléchargement de fichier - Avertissement de sécurité
Voulez-vous exécuter ou enregistrer ce fichier ?
Nom : SkypeSetup.exe
Type : Application, 6,91 Mo
Source : download.skype.com
Exécuter
Enregistrer
Annuler
Si les fichiers téléchargés depuis Internet sont utiles, ce type de fichier peut présenter des risques pour votre ordinateur. Vous ne devriez pas exécuter ou enregistrer ce programme si vous n'êtes pas sûr de son origine. Quels sont les risques ?

Figure 3.6 : Cliquez sur Exécuter pour démarrer le téléchargement.

4. Selon la version de Windows XP utilisée, un message d'avertissement peut alors s'afficher parce que le programme demandé n'est pas connu de Windows. Confirmez en cliquant sur Exécuter (voir Figure 3.7).

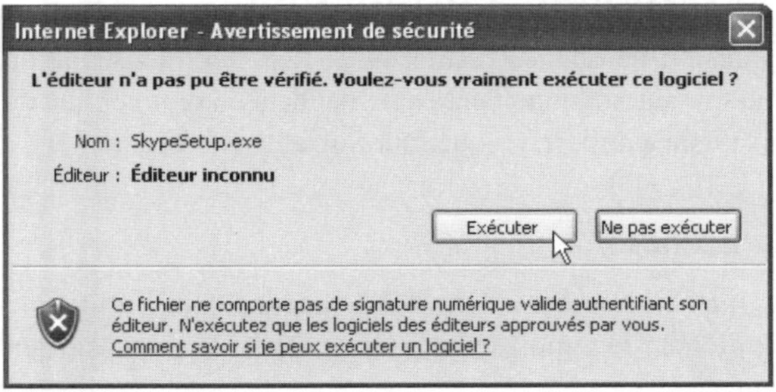
Internet Explorer - Avertissement de sécurité
L'éditeur n'a pas pu être vérifié. Voulez-vous vraiment exécuter ce logiciel ?
Nom : SkypeSetup.exe
Éditeur : Éditeur inconnu
Exécuter
Ne pas exécuter
Ce fichier ne comporte pas de signature numérique valide authentifiant son éditeur. N'exécutez que les logiciels des éditeurs approuvés par vous.
Comment savoir si je peux exécuter un logiciel ?

Figure 3.7 : Validez le message de sécurité. La source du téléchargement peut être considérée comme sûre si vous installez Skype à partir du site de l'éditeur.

Le message de sécurité peut également apparaître à la fin du téléchargement.

5. Le transfert des données démarre (voir Figure 3.8).

Figure 3.8 : Le téléchargement du programme de 7 Mo environ ne prendra que quelques secondes avec une connexion Internet haut débit.

Personnalisation de l'installation

Lorsque le transfert de données est terminé, l'assistant d'installation de Skype démarre automatiquement en demandant en premier lieu de confirmer la langue à utiliser. Cliquez sur Suivant (voir Figure 3.9).

Accord de licence

Il faut en premier lieu accepter l'accord de licence d'utilisation que vous pouvez prendre le temps de lire en français si le cœur vous en dit (voir Figure 3.10).

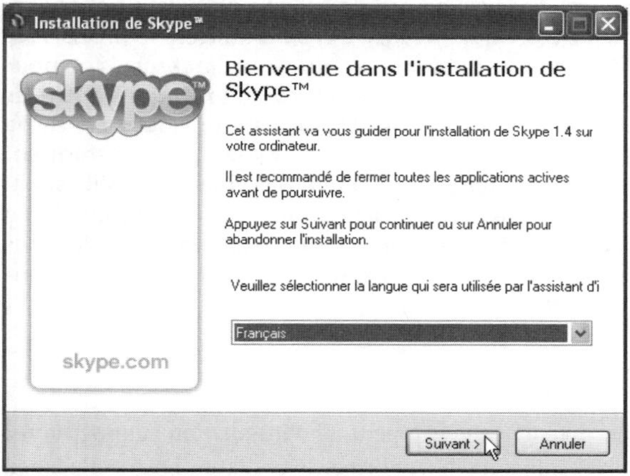
Installation de Skype™
skype
Bienvenue dans l'installation de Skype™
Cet assistant va vous guider pour l'installation de Skype 1.4 sur votre ordinateur.
Il est recommandé de fermer toutes les applications actives avant de poursuivre.
Appuyez sur Suivant pour continuer ou sur Annuler pour abandonner l'installation.
Veuillez sélectionner la langue qui sera utilisée par l'assistant d'i
Français
skype.com
Suivant >
Annuler

Figure 3.9 : L'assistant d'installation de Skype.

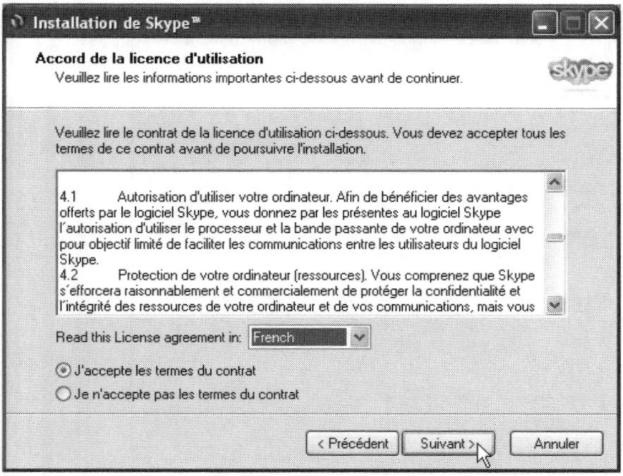
Installation de Skype™
Accord de la licence d'utilisation
Veuillez lire les informations importantes ci-dessous avant de continuer.
Veuillez lire le contrat de la licence d'utilisation ci-dessous. Vous devez accepter tous les termes de ce contrat avant de poursuivre l'installation.
4.1 Autorisation d'utiliser votre ordinateur. Afin de bénéficier des avantages offerts par le logiciel Skype, vous donnez par les présentes au logiciel Skype l'autorisation d'utiliser le processeur et la bande passante de votre ordinateur avec pour objectif limité de faciliter les communications entre les utilisateurs du logiciel Skype.
4.2 Protection de votre ordinateur (ressources). Vous comprenez que Skype s'efforcera raisonnablement et commercialement de protéger la confidentialité et l'intégrité des ressources de votre ordinateur et de vos communications, mais vous
Read this License agreement in: French
J'accepte les termes du contrat
Je n'accepte pas les termes du contrat
< Précédent
Suivant >
Annuler

Figure 3.10 : Acceptez le contrat d'accord de licence pour continuer.

En parcourant l'accord de licence, on peut s'arrêter sur l'article 4.1 qui autorise Skype à utiliser "le processeur et la bande passante de votre ordinateur avec pour objectif limité de faciliter les communications entre les utilisateurs du logiciel Skype". Cette clause concerne les fonctionnalités P2P de Skype qui transforment ponctuellement ou de manière permanente (s'il est élu comme supernode) votre ordinateur en serveur Skype émettant des données vers le réseau pour faciliter les échanges entre utilisateurs et améliorer les performances.

Répertoire d'installation

Vous devez accepter ensuite le répertoire d'installation du programme Skype. Il est recommandé de confirmer le choix proposé, en général C:\Program Files\Skype\Phone (voir Figure 3.11).

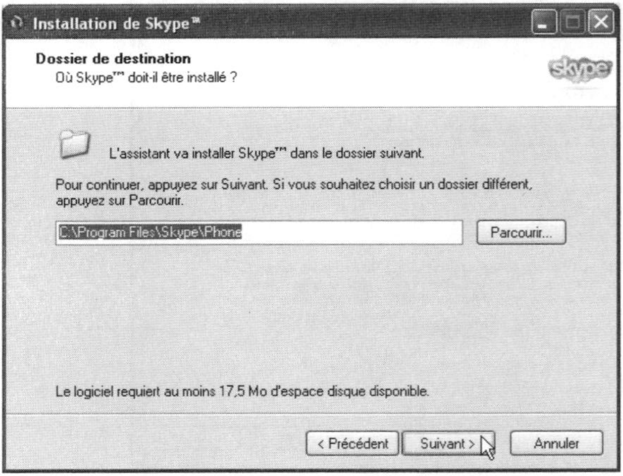
Installation de Skype™
Dossier de destination
Où Skype™ doit-il être installé ?
skype
L'assistant va installer Skype™ dans le dossier suivant.
Pour continuer, appuyez sur Suivant. Si vous souhaitez choisir un dossier différent, appuyez sur Parcourir.
C:\Program Files\Skype\Phone
Parcourir...
Le logiciel requiert au moins 17,5 Mo d'espace disque disponible.
< Précédent
Suivant >
Annuler

Figure 3.11 : Choix du répertoire d'installation.

Icône sur le Bureau et démarrage automatique

L'assistant d'installation termine en vous proposant de créer une icône Skype sur le Bureau Windows (ce qui est conseillé) et de lancer automatiquement Skype à chaque démarrage de l'ordinateur.

Tant que vous n'êtes pas un utilisateur chevronné de la téléphonie Skype avec beaucoup de contacts, vous pouvez décocher cette seconde option. Mais elle est recommandée si vous voulez pouvoir être joint facilement par vos contacts Skype. Dans certains cas cependant, vous pourrez préférer ne pas être dérangé et ne pas faire connaître à la communauté Skype votre présence sur le réseau.

Validez ces choix en cliquant sur Suivant (voir Figure 3.12).

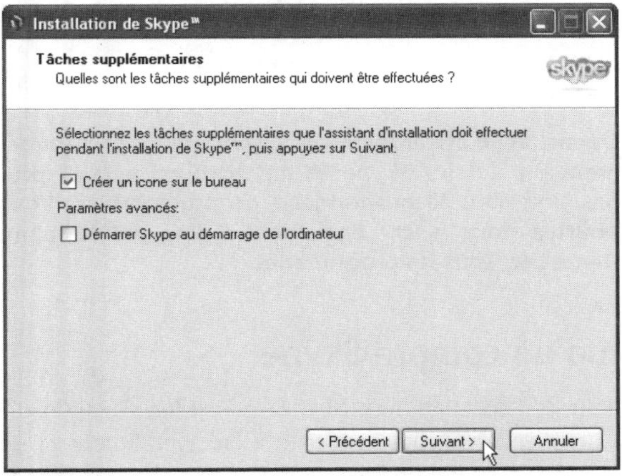
Installation de Skype™
Tâches supplémentaires
Quelles sont les tâches supplémentaires qui doivent être effectuées ?
Sélectionnez les tâches supplémentaires que l'assistant d'installation doit effectuer pendant l'installation de Skype™, puis appuyez sur Suivant.
Créer un icone sur le bureau
Paramètres avancés:
Démarrer Skype au démarrage de l'ordinateur
< Précédent
Suivant >
Annuler

Figure 3.12 : Les dernières options d'installation.

L'assistant d'installation procède alors à la recopie des fichiers et à l'installation proprement dite avec les options choisies. Il ne reste plus qu'à le refermer pour démarrer Skype (voir Figure 3.13).

Installation de Skype™
Fin de l'installation de Skype™
L'assistant a terminé l'installation de Skype™ sur votre ordinateur. L'application peut être lancée à l'aide des icônes créées sur le Bureau par l'installation.
Veuillez appuyer sur Terminer pour quitter l'assistant d'installation.
Démarrer Skype
skype.com
Terminer

Figure 3.13 : L'assistant lance Skype à sa fermeture.

L'assistant d'installation de Skype crée automatiquement un dossier Skype et un raccourci vers le programme dans le gestionnaire de programmes. Vous pourrez donc lancer également Skype par le menu Démarrer, Tous les programmes.

Création d'un compte Skype

L'étape suivante de l'installation de Skype (qui est lancée automatiquement au premier démarrage) consiste à créer gratuitement un compte Skype pour être identifié par au moins un "pseudo" dans la communauté des utilisateurs Skype.

Choix d'un pseudo

Vous devez choisir un pseudonyme Skype de 6 caractères au minimum, 32 au maximum.

Vous pourrez ajouter par la suite d'autres informations constituant votre profil et qui faciliteront beaucoup les recherches de vos relations qui souhaiteraient vous ajouter dans leur carnet d'adresses (nom, prénom, ville, pays).

Complétez l'inscription en indiquant à deux reprises un mot de passe d'au moins 4 caractères.

Enfin, validez à nouveau les conditions générales d'utilisation avant de cliquer sur Suivant (voir Figure 3.14).

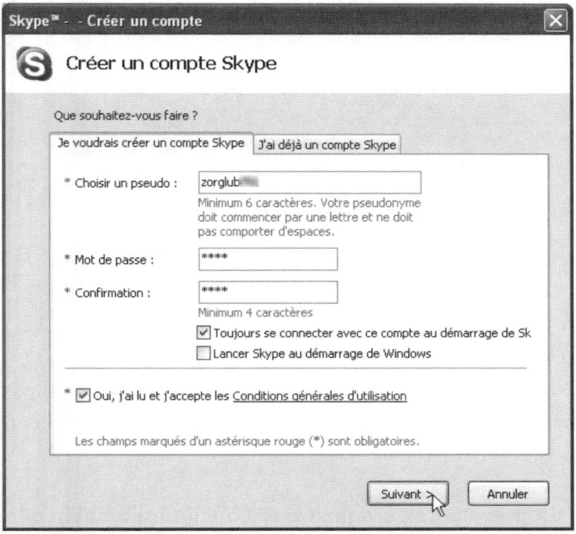
Skype™ - - Créer un compte
Créer un compte Skype
Que souhaitez-vous faire ?
Je voudrais créer un compte Skype
J'ai déjà un compte Skype
* Choisir un pseudo :
zorglub
Minimum 6 caractères. Votre pseudonyme doit commencer par une lettre et ne doit pas comporter d'espaces.
* Mot de passe :
****
* Confirmation :
****
Minimum 4 caractères
Toujours se connecter avec ce compte au démarrage de Sk
Lancer Skype au démarrage de Windows
* Oui, j'ai lu et j'accepte les Conditions générales d'utilisation
Les champs marqués d'un astérisque rouge (*) sont obligatoires.
Suivant >
Annuler

Figure 3.14 : La création du compte Skype.

Si le pseudo que vous avez choisi est déjà pris, l'assistant vous affiche une liste de propositions de pseudonymes qui, eux, sont encore libres sur le réseau (voir Figure 3.15).

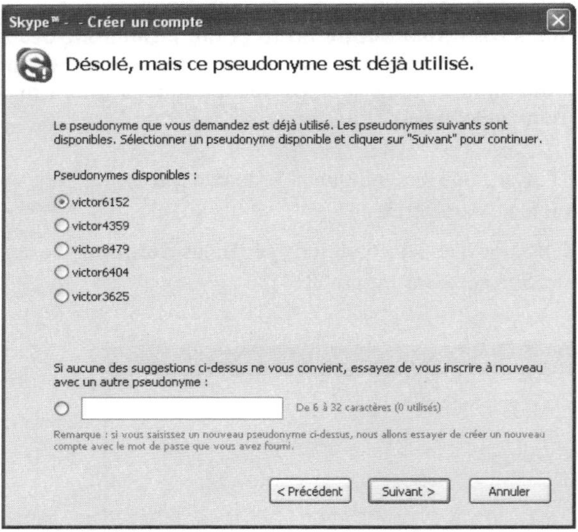
Skype™ - - Créer un compte
Désolé, mais ce pseudonyme est déjà utilisé.
Le pseudonyme que vous demandez est déjà utilisé. Les pseudonymes suivants sont disponibles. Sélectionner un pseudonyme disponible et cliquer sur "Suivant" pour continuer.
Pseudonymes disponibles :
victor6152
victor4359
victor8479
victor6404
victor3625
Si aucune des suggestions ci-dessus ne vous convient, essayez de vous inscrire à nouveau avec un autre pseudonyme :
De 6 à 32 caractères (0 utilisés)
Remarque : si vous saisissez un nouveau pseudonyme ci-dessus, nous allons essayer de créer un nouveau compte avec le mot de passe que vous avez fourni.
< Précédent
Suivant >
Annuler

Figure 3.15 : Avec plus de 60 millions d'inscrits, trouver un pseudo facile à mémoriser n'est pas si évident.

Profil Skype

Si vous le souhaitez (ce n'est pas obligatoire pour utiliser Skype), vous pouvez maintenant préciser les autres informations constituant votre profil Skype (voir Figure 3.16).

Ajoutez l'adresse e-mail que vous utilisez habituellement avec les contacts que vous souhaitez retrouver sur Skype. Elle ne sera pas communiquée directement aux utilisateurs Skype qui afficheront votre profil mais elle permettra à vos contacts et à vos amis qui connaissent cette adresse de vous retrouver plus facilement.

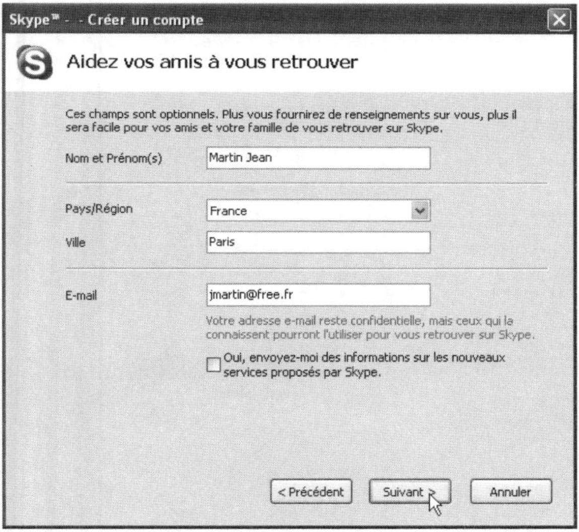
Skype™ - - Créer un compte
Aidez vos amis à vous retrouver
Ces champs sont optionnels. Plus vous fournirez de renseignements sur vous, plus il sera facile pour vos amis et votre famille de vous retrouver sur Skype.
Nom et Prénom(s)
Martin Jean
Pays/Région
France
Ville
Paris
E-mail
jmartin@free.fr
Votre adresse e-mail reste confidentielle, mais ceux qui la connaissent pourront l'utiliser pour vous retrouver sur Skype.
Oui, envoyez-moi des informations sur les nouveaux services proposés par Skype.
< Précédent
Suivant >
Annuler

Figure 3.16 : Des informations complémentaires pour aider vos contacts à vous retrouver.

Le profil Skype pourra être modifié ou complété ultérieurement pour ajouter des informations telles que l'avatar (la petite image qui vous représente sur le réseau Skype) ou l'adresse d'une page Web personnelle ou d'un blog. Le profil est accessible par le menu Fichier de Skype et la commande Mon profil.

Toutes les informations entrées dans le profil Skype seront visibles pour vos correspondants (sauf l'adresse e-mail). C'est une fonction qui peut d'ailleurs se révéler bien pratique pour contacter un correspondant qui ne vous connaît pas et qui ne vous a pas ajouté à sa liste de contacts. Ainsi, un profil complet (voir Figure 3.17) pourra être consulté par le correspondant appelé avant qu'il décroche pour prendre l'appel.

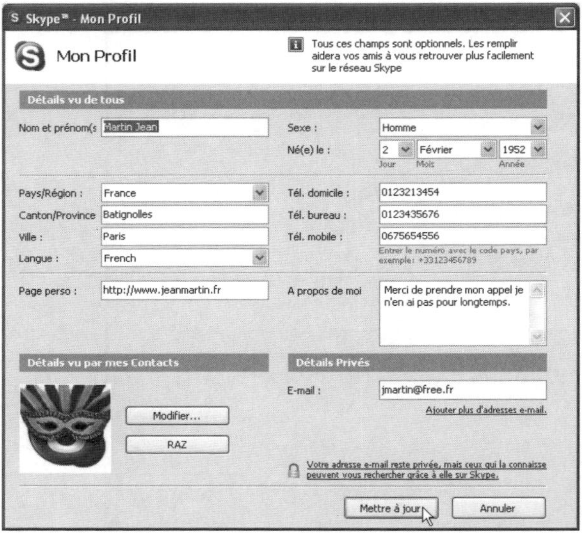

Figure 3.17 : Toutes ces informations sont accessibles à vos correspondants à l'exception de l'adresse e-mail.

Pour afficher le profil d'un appelant avant de décrocher, l'utilisateur de Skype doit simplement cliquer du bouton droit dans la fenêtre Skype et sélectionner la commande View profile (voir Figure 3.18).

Les informations du profil complet que vous aurez défini apparaîtront dans une fenêtre (voir Figure 3.19). Ces informations seront mémorisées chez l'utilisateur appelé même s'il n'accepte pas l'appel.

Démarrage de Skype

Le logiciel Skype démarre alors et vous met automatiquement en relation avec le réseau si vous êtes connecté à Internet. Le nombre d'utilisateurs connectés à ce moment sur le réseau Skype s'affiche dans la partie inférieure de la fenêtre (voir Figure 3.20).

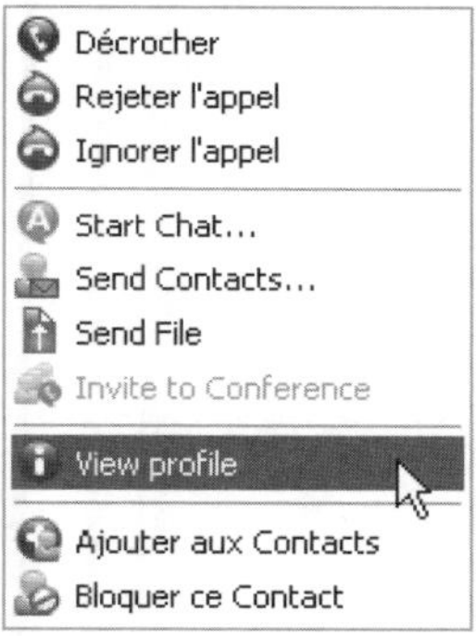

Figure 3.18 : Sélectionnez la commande View profile pour voir la fiche complète de profil de la personne qui vous appelle et qui ne figure pas dans votre liste de contacts.

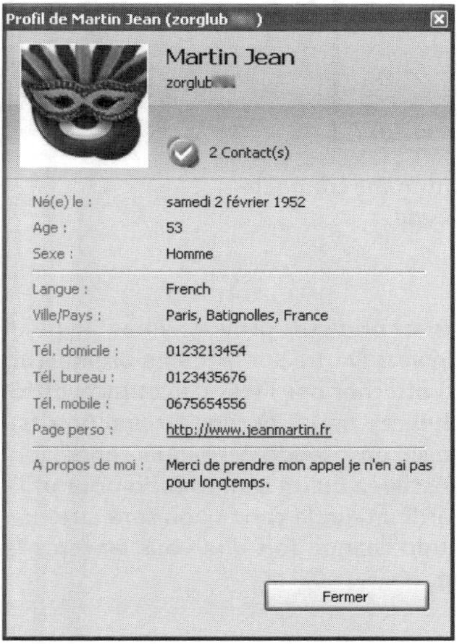

Figure 3.19 : Voici comment votre profil apparaît chez vos correspondants Skype avant décrochage. Beaucoup plus complet que la présentation du numéro ! Vous pouvez même glisser dans votre profil un petit mot d'introduction.

Figure 3.20 : Vous êtes maintenant connecté à la grande communauté Skype.

Il est possible de créer plusieurs pseudonymes Skype et de basculer de l'un vers l'autre sur le même ordinateur. Vous pouvez ainsi attacher des listes de contacts différentes selon les heures de la journée (travail/loisirs). Il faudra alors choisir un pseudo à chaque connexion. Mais si vous ne possédez qu'un seul pseudo pour utiliser Skype sur un ordinateur, la connexion sera automatique avec ce pseudo chaque fois que vous lancerez le programme Skype.

Chapitre 4

Configurer les fonctions audio

Avant de passer un premier appel, êtes-vous prêt pour communiquer en vocal avec des correspondants dans le monde entier ? Vous devez vous procurer au minimum un petit microphone et des écouteurs. Mais il existe des casques-micros beaucoup plus confortables pour tenir de longues conversations et même des combinés téléphoniques spéciaux pour Skype.

L'équipement audio

Votre ordinateur est-il correctement équipé ? Plusieurs solutions s'offrent à vous. Mais, pour démarrer avec Skype, il est conseillé d'utiliser un petit casque-micro. Les plus courants et les moins onéreux sont munis de deux petites prises DIN stéréo. L'une se raccorde à la sortie audio de votre carte son (en général entourée d'un repère couleur vert), l'autre à l'entrée microphone (rose).

Choix d'un casque audio

Avec l'arrivée de solutions de téléphonie par Internet comme Skype, l'offre de produits tels que le casque-micro pour ordinateurs s'est considérablement étoffée.

Kit oreillettes ou casque monaural

En entrée de gamme, on trouve les simples petits écouteurs d'oreilles avec un micro greffé sur l'un des câbles, comme sur les kits mains libres des téléphones mobiles.

Un peu plus sophistiqués et confortables, les casques dits "monaural" à un seul écouteur qui permettent de rester attentif à l'environnement extérieur même pendant ses communications. Un petit module à mi-longueur du câble intègre un bouton "secret" pour couper le micro et une molette de réglage de la sortie son (voir Figure 4.1).

Figure 4.1 : Un casque monaural, le Plantronics Audio 50 PC Headset.

Casque audio à fil

Le milieu de gamme est constitué des casques classiques à deux écouteurs, toujours avec connexion filaire sur la carte son de l'ordinateur (voir Figure 4.2).

Figure 4.2 : Casque-micro filaire classique à deux écouteurs (Plantronics Audio 60 PC Headset).

Mais de plus en plus de modèles se connectent par une prise USB (voir Figure 4.3). Ce type d'interface permet de conserver libres les connecteurs de la carte son pour les haut-parleurs lorsque vous souhaitez écouter de la musique, jouer sur votre ordinateur ou regarder un film sans casque.

Dès que vous le branchez sur une prise USB, le casque prend automatiquement le contrôle de la carte son et les haut-parleurs, même s'ils restent branchés, ne sont plus actifs.

Figure 4.3 : Un modèle avec prise USB proposé sur le site Web de Skype.

Casque ou oreillette sans fil

Enfin, en haut de gamme, les casques et les oreillettes sans fil offrent des solutions totalement mains libres. Vous pouvez alors vous déplacer dans votre domicile ou sur votre lieu de travail dans un rayon de quelques mètres autour de votre ordinateur pour faire la cuisine ou chercher un document, tout en continuant votre conversation Skype. La plupart des produits sans fil sont basés sur le standard Bluetooth (voir Figure 4.4).

Attention : les oreillettes Bluetooth ne sont pas livrées avec l'équipement nécessaire (matériel et logiciel) pour ajouter l'interface Bluetooth à votre ordinateur. Vous devez acquérir cet accessoire séparément.

Figure 4.4 : Un mini casque-micro sans fil Bluetooth (Jabra BT800).

Bluetooth est un standard "ouvert" pour communiquer les données, la voix, la musique, les images par liaison radio sans fil dans un rayon de 10 mètres. Les oreillettes et les casques-micros Bluetooth peuvent tous fonctionner avec un ordinateur compatible Bluetooth (équipé donc d'un adaptateur pour cette interface) ou un téléphone mobile Bluetooth. Pour que les deux matériels que l'on veut faire communiquer fonctionnent de manière synchronisée, comme si un câble les reliait en permanence, il faut procéder à leur "appairage" (en général un appui long sur la touche de configuration) afin que les deux appareils se détectent mutuellement dans leur voisinage.

Combinés téléphoniques

Vous n'êtes pas obligé d'avoir recours à un micro et des écouteurs pour téléphoner avec Skype. Si vous préférez utiliser un combiné téléphonique classique, de nombreuses solutions vous sont proposées. Vous pouvez :

- vous procurer un combiné spécifique pour la téléphonie Internet à connecter à l'ordinateur servant à la connexion Skype ;

- acheter un petit boîtier à brancher sur un port USB et permettant de raccorder tous les combinés téléphoniques classiques à fil ou sans fil (DECT) ;
- investir dans un téléphone intégrant la technologie Skype et capable de se connecter tout seul sans passer par un ordinateur.

Les combinés pour Skype

Il existe des combinés téléphoniques spécialement adaptés à Internet et à Skype.

Les modèles de combinés téléphoniques Internet les plus courants pour une utilisation de Skype se connectent à l'un des ports USB de l'ordinateur *via* lequel vous entrez en relation avec la communauté Skype. On retrouve le même choix de modèles que pour la téléphonie classique : à fil (voir Figure 4.5) ou sans fil (voir Figure 4.6).

Figure 4.5 : Un téléphone Skype en vente sur le site Web de Skype à brancher sur USB (PC uniquement).

Figure 4.6 : Un combiné sans fil DUAL : la base sans fil se connecte aussi bien à un port USB pour la téléphonie Skype qu'à une prise RJ-11 pour la téléphonie analogique.

L'un des avantages des combinés téléphoniques sur les solutions casque-micro est de pouvoir composer directement les numéros de lignes fixes sur le combiné sans passer par le clavier de l'ordinateur. Ceci est intéressant lorsque l'on utilise les services de SkypeOut (voir Chapitre 5). Mais il existe aussi des combinés encore plus traditionnels (voir Figure 4.7), sans clavier numérique, donc sans possibilité d'utiliser directement SkypeOut sans passer par l'ordinateur.

Figure 4.7 : Un combiné à l'ancienne qui se branche directement sur la carte son grâce à un adaptateur spécial.

Les boîtiers pour connecter un combiné classique

Si vous préférez recycler votre combiné téléphonique pour l'utiliser non plus sur la ligne analogique mais sur Internet, vous pouvez acquérir un petit boîtier qui va se connecter à une prise USB de votre ordinateur et servir d'interface avec n'importe quel appareil, à fil ou sans fil.

Certains de ces boîtiers peuvent être connectés à la fois à Skype pour la téléphonie Internet et au réseau analogique pour la téléphonie classique. Le combiné qui est branché sur le boîtier Tiptel (voir Figure 4.8) peut appeler ou recevoir des appels indifféremment sur les deux réseaux (on force les appels sortants à transiter *via* le réseau analogique en appuyant sur la touche * avant de composer le numéro), ce qui peut se révéler bien pratique.

Figure 4.8 : Le boîtier Tiptel Cyberbox 100 permet d'utiliser un combiné classique avec la téléphonie Skype.

D'autres petits boîtiers également raccordés en USB ou en Bluetooth à l'ordinateur ont une fonction différente : équipés d'un haut-parleur et d'un micro, ils assurent une fonctionnalité mains libres, ce qui vous permet de téléphoner avec Skype sans casque-micro. Il suffit de les disposer à proximité de l'écran et du clavier. ActionTec et Mvox font partie des marques qui offrent ce type de produits.

Un téléphone Skype fonctionnant sans ordinateur

Etape ultime de la téléphonie Internet facile : disposer d'un combiné téléphonique intégrant la technologie Skype (et donc une version légère du logiciel) pour passer des appels vers le réseau Skype et les lignes fixes avec SkypeOut sans transiter par un ordinateur. Ceci le distingue de tous les produits cités précédemment qui ont besoin d'un PC allumé pour passer les communications *via* l'interface USB ou Bluetooth.

Ce nouveau téléphone révolutionnaire est bien sûr un téléphone IP qui se connecte directement au réseau local informatique (*via* une passerelle sans fil Wi-Fi) qui, lui-même, bénéficie d'un accès Internet permanent. Le premier constructeur à avoir annoncé un équipement de ce type est le Taiwanais Accton Technology.

Le produit appelé SkyFone devrait sortir en 2006 à peu près au prix d'un téléphone classique sans fil DECT haut de gamme. Il sera certainement suivi par beaucoup d'autres. Le téléphone gratuit sans fil, sans ordinateur et sans abonnement (autre qu'Internet), qui dit mieux ?

Les réglages audio

Au premier lancement de Skype, un assistant de démarrage apparaît à côté de la fenêtre Skype. Il sera proposé à chaque démarrage de Skype, tant que vous ne validerez pas l'option Ne pas afficher cet assistant au démarrage sur le premier écran de l'assistant. Après désactivation, vous pourrez le retrouver dans le menu Aide de Skype.

En premier lieu, l'assistant vous propose de tester votre configuration audio. Même si vous n'avez entré aucun correspondant dans le répertoire de Skype, un premier correspondant fictif est créé à l'installation : Skype Call Testing. Il permet de tester au premier démarrage de Skype et ultérieurement, à tout moment, votre configuration audio en émission (micro) comme en réception (haut-parleurs ou casque).

Pour vous assurer que votre équipement audio est en ordre de marche, cliquez du bouton droit sur le contact Skype Call Testing et sélectionnez la commande Appeler ce contact (voir Figure 4.10).

Skype™ - Assistant de démarrage
Hello!
L'assistant vous permet de paramétrer Skype rapidement.Vous pouvez tester vos paramètres, trouvez et ajoutez vos amis à la liste de Contacts et leur passer un coup de fil.
Pour commencer, cliquez sur 'Démarrer'.
Ne pas afficher cet assistant au démarrage
Démarrer

Figure 4.9 : Pour vos premiers pas avec Skype.

Un double- clic sur Skype Call Testing ou un clic sur le bouton vert d'appel en bas de la fenêtre permettent également d'appeler le contact.

Un message de bienvenue en anglais vous invite à enregistrer à l'aide de votre micro (voir Figure 4.11).

Si vous ne parvenez pas à entendre le message de bienvenue, commencez par vérifier le branchement de vos haut-parleurs ou de votre casque et contrôlez le volume de sortie.

Après le bip, vous avez dix secondes pour enregistrer votre message de test. Au bout de ces dix secondes, ce message enregistré est automatiquement rediffusé par le robot de test Skype. C'est à vous de juger si le test est concluant. Si vous ne parvenez pas à entendre votre message, vérifiez le branchement du micro et le niveau d'enregistrement.

Figure 4.10 : Un robot va vous répondre.

Figure 4.11 : Le message qui s'affiche durant la communication avec le service Skype Call Testing.

Si le niveau est plus faible ou plus fort que celui du message de bienvenue, équilibrez les volumes à l'aide de l'accessoire Contrôle du volume de Windows (voir Figure 4.12).

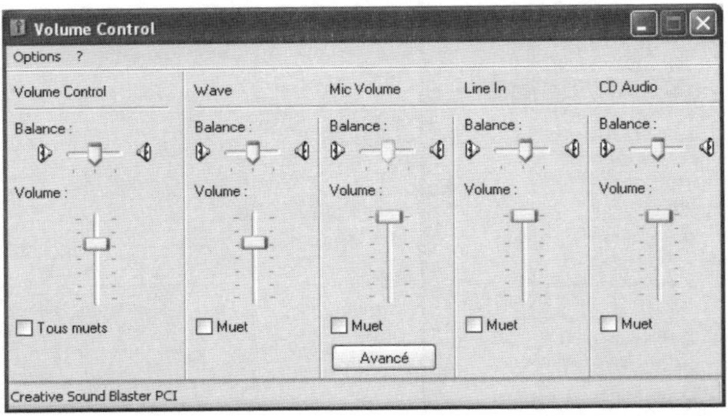

Figure 4.12 : Le Contrôle du volume de Windows XP se trouve dans Tous les programmes, Accessoires, Divertissement.

Dépannage audio

Le test d'appel Skype n'est pas concluant ? L'ordinateur semble dépouvu de fonctions audio ? Procédez alors étape par étape pour rendre votre PC compatible avec Skype et pouvoir téléphoner sur Internet.

Ecouter un son Windows

Pour tester la fonction audio de Windows, vous allez "jouer" l'un des messages sonores prévus pour vous alerter automatiquement lors de différents événements comme l'entrée et la sortie de Windows ou l'affichage d'un message d'erreur :

1. Cliquez sur Démarrer, puis sur Panneau de configuration, Sons, voix et périphériques audio.

2. Parmi les tâches proposées, optez pour Modifier le modèle de sons. Cela ouvre la boîte de dialogue des Propriétés de Sons et périphériques audio, directement dans la rubrique Sons.
3. Dans la partie Evénements, sélectionnez à l'aide de la souris l'un des événements Windows précédés d'une icône représentant un petit haut-parleur.
4. Ensuite, cliquez sur la touche Lecture située au bas de la fenêtre (voir Figure 4.13).

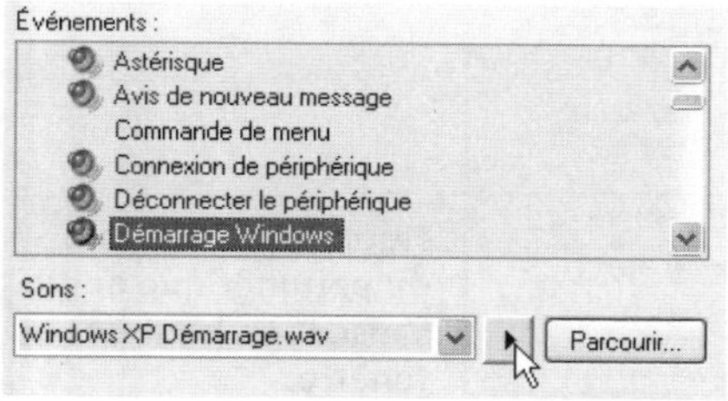

Figure 4.13 : Test d'écoute de l'un des sons Windows.

5. Vous devez alors entendre le son par les haut-parleurs de votre ordinateur. Si ce n'est pas le cas, vérifiez d'abord le volume sonore.

Régler le niveau sonore

Pour accéder à tous les réglages de volume de la carte son, cliquez sur l'onglet Volume, puis sur le bouton Paramètres avancés (voir Figure 4.14).

La console de mixage des différentes sources sonores est alors affichée. Vous pouvez déplacer les curseurs à l'aide de la souris. Des réglages supplémentaires peuvent être ajoutés *via* le menu Options et la commande Propriétés. Ils dépendent des possibilités offertes par la carte son (voir Figure 4.15).

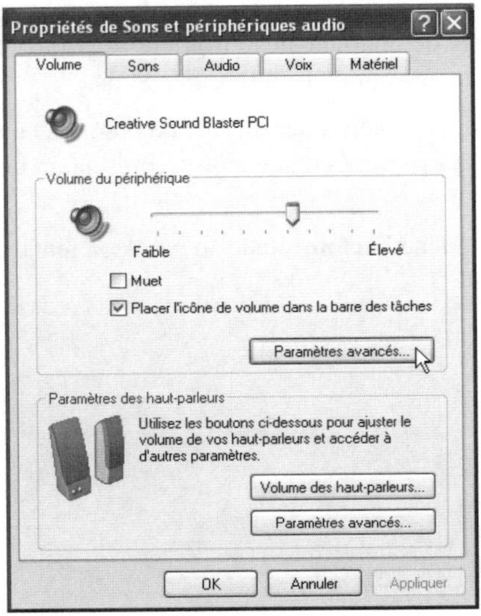

Figure 4.14 : Le nom du périphérique audio s'inscrit en haut de fenêtre.

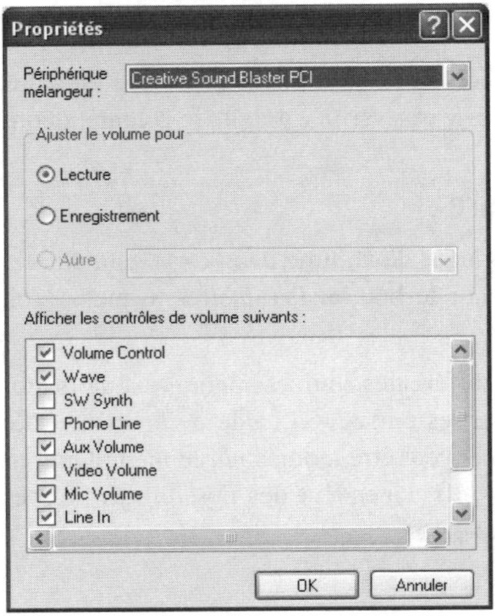

Figure 4.15 : Les choix de réglages de volume en sortie de la carte son.

Le curseur Volume Control définit le niveau général de sortie. Les sons stockés sous la forme de fichiers sur le disque dur de l'ordinateur (par exemple, les sons Windows ou les fichiers de musique numérique) passent par le canal Wave. Au moins l'une des deux options Volume Control ou Wave doit être activée pour que votre ordinateur émette des sons.

Vérifier la carte son

Pour écouter de la musique sur un ordinateur, il faut que celui-ci dispose non seulement de haut-parleurs – qui peuvent être intégrés dans l'écran ou dans le boîtier s'il s'agit d'un ordinateur portable – mais aussi des composants électroniques nécessaires à la restitution du son. Cette fonction est présente sur tous les ordinateurs récents, y compris les modèles portables.

Carte son ou fonctions audio intégrées ?

La capacité à émettre toutes sortes de sons n'est donc pas acquise d'office sur un ordinateur. Il doit posséder une carte son ou bien l'audio intégré doit être présent sur la carte mère de l'ordinateur.

Comment savoir si votre ordinateur possède une carte son, l'audio intégré ou aucune possibilité pour jouer de la musique et des sons ?

Examinez simplement l'arrière du boîtier de votre ordinateur. Vous devez y repérer un ensemble de petites prises colorées en vert, bleu et rose.

Si ces prises sont à proximité des prises souris et clavier (petites prises rondes) et des connecteurs USB (de forme rectangulaire), votre équipement possède un adaptateur sonore intégré à la carte mère. Les composants nécessaires sont soudés directement sur celle-ci. La majorité des ordinateurs multimédias récents d'entrée de gamme possède ce genre de carte mère.

Si les prises colorées sont situées sur une réglette séparée, à l'écart des prises clavier et souris, l'ordinateur est doté d'une carte son indépendante.

Vérifier le bon fonctionnement de la carte son

Votre ordinateur possède toutes les prises nécessaires à l'écoute de la musique. Pour vérifier que l'installation des fonctions sonores est bien complète :

1. Cliquez sur Démarrer, cliquez du bouton droit sur le Poste de travail, puis sélectionnez Propriétés.
2. Dans la boîte de dialogue qui apparaît, sélectionnez l'onglet Matériel et cliquez sur le bouton Gestionnaire de périphériques (voir Figure 4.16).

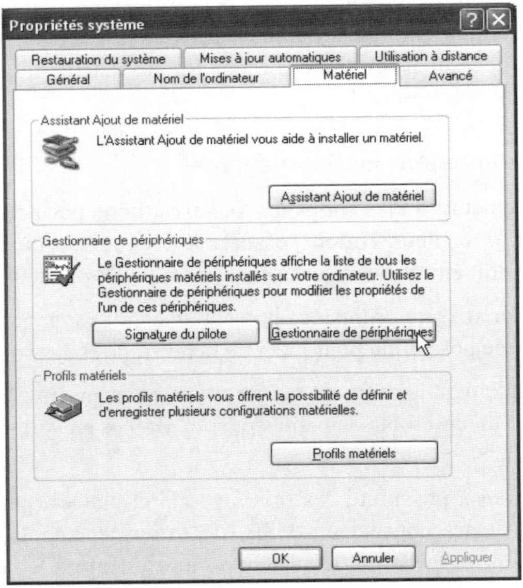
Propriétés système
Restauration du système
Mises à jour automatiques
Utilisation à distance
Général
Nom de l'ordinateur
Matériel
Avancé
Assistant Ajout de matériel
L'Assistant Ajout de matériel vous aide à installer un matériel.
Assistant Ajout de matériel
Gestionnaire de périphériques
Le Gestionnaire de périphériques affiche la liste de tous les périphériques matériels installés sur votre ordinateur. Utilisez le Gestionnaire de périphériques pour modifier les propriétés de l'un de ces périphériques.
Signature du pilote
Gestionnaire de périphériques
Profils matériels
Les profils matériels vous offrent la possibilité de définir et d'enregistrer plusieurs configurations matérielles.
Profils matériels
OK
Annuler
Appliquer

Figure 4.16 : Vous retrouvez ainsi l'ensemble des périphériques installés sur votre PC.

3. Cliquez sur le signe + devant la rubrique Contrôleurs audio, vidéo et jeu.

4. La liste des périphériques multimédias installés sur l'ordinateur s'affiche. Parmi ceux-ci, vous devez détecter votre adaptateur audio intégré ou votre carte son (voir Figure 4.17).

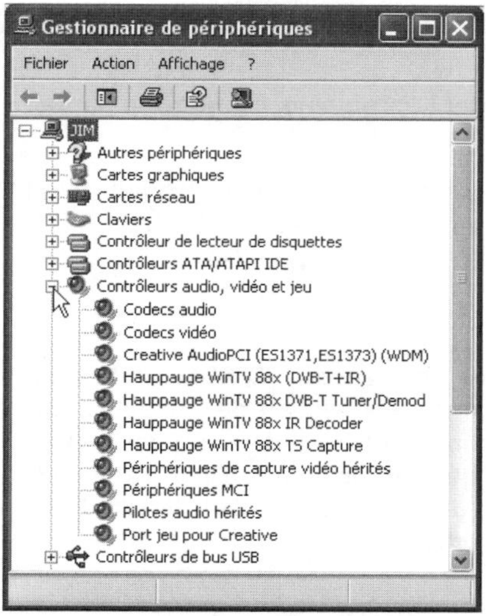

Figure 4.17 : C'est dans cette liste que doit apparaître le périphérique audio.

5. Si l'audio intégré sur la carte mère ou la carte son n'est pas correctement installé, la fonction détectée mais défaillante apparaît en haut de la fenêtre parmi les autres périphériques, précédée d'un point d'interrogation jaune. Cela indique que l'adaptateur sonore est bien détecté mais que le programme de pilotage associé n'est pas (ou mal) installé.

   Pour remédier à ce problème, cliquez du bouton droit sur le nom du périphérique, puis sélectionnez la commande Mettre à jour le pilote (voir Figure 4.18).

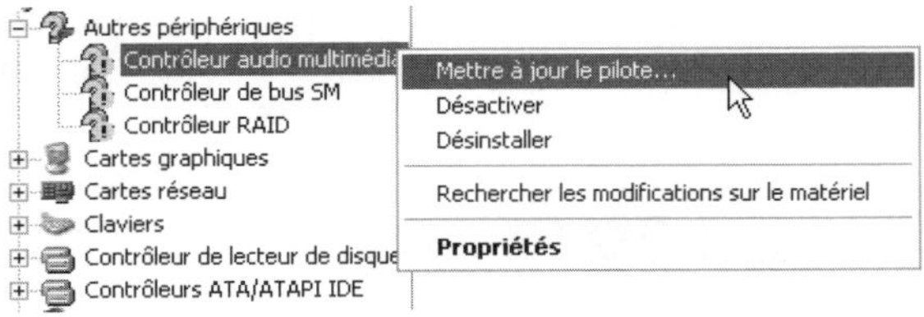

Figure 4.18 : Pour corriger le problème, changez de pilote.

6. Un assistant démarre alors pour vous aider à compléter l'installation. Vous devrez sans doute insérer le CD-ROM fourni avec la carte son ou avec la carte mère afin que le logiciel soit à nouveau installé.

Dans certains cas, aucun CD-ROM supplémentaire n'est nécessaire. L'installation de Windows suffit car votre carte son est d'un modèle très courant et Windows sait la gérer directement. Eventuellement, vous serez amené à insérer le CD-ROM de Windows pour remédier au problème.

Brancher un casque ou des haut-parleurs

Il suffit de brancher des écouteurs ou un casque sur la prise de sortie du son. Vous pourrez aussi connecter sur cette même prise, à la place des écouteurs, une paire de petits haut-parleurs. Les prises des cartes son, situées généralement à l'arrière du boîtier de l'ordinateur, sont repérées par des couleurs standardisées. Pour une configuration simple, avec sortie stéréo (2.0 ou 2.1), le code couleur est le suivant :

- **Vert.** Sortie vers les haut-parleurs ou un casque (ou Line-Out).
- **Bleu.** Entrée (ou Line-In).
- **Rose/violet.** Prise micro.

Pour une installation stéréo avec deux haut-parleurs complétés éventuellement par un caisson de basse, la connectique est des plus réduites.

Il vous suffit de relier la sortie son (connecteur vert) au haut-parleur principal, lui-même relié au second haut-parleur. Dans une configuration 2.1 avec caisson de basse, c'est celui-ci qui est relié en direct à la carte son.

Certaines cartes son gèrent le son 5.1, voire 7.1. En 5.1, les connecteurs de sortie ont alors la signification suivante :

- **Vert.** Sortie vers les haut-parleurs avant.
- **Orange.** Sortie vers le caisson de basse et/ou le haut-parleur central.
- **Noir.** Sortie vers les haut-parleurs arrière.

Certaines cartes récentes 5.1 sont dépourvues d'entrée spécifique pour le micro. Dans ce cas, il faut brancher celui-ci sur la prise Line-In de couleur bleue.

Installer une carte son

Votre ordinateur ne possède ni carte son, ni adaptateur sonore intégré ? Vous pouvez le doter facilement de fonctionnalités audio pour la téléphonie Internet et la musique numérique, les MP3, les films DVD et DivX, etc.

Pour un ordinateur de bureau

S'il s'agit d'un modèle de bureau, procurez-vous une carte son PCI chez un revendeur ou dans une grande surface. La gamme de prix est très large. Mais les modèles de base conviennent parfaitement pour les usages courants : écouter ou enregistrer de la musique, brancher des haut-parleurs ou un casque. Il ne vous en coûtera qu'une trentaine d'euros.

Avant l'achat d'une carte son PCI (voir Figure 4.19), vérifiez qu'un emplacement PCI est disponible à l'intérieur de l'ordinateur. Pour cela, vous devez débrancher votre ordinateur et ouvrir son boîtier en retirant les vis situées généralement sur la face arrière. Les emplacements PCI sont les connecteurs de forme allongée et de couleur claire qui occupent le côté de la carte mère situé vers l'arrière du boîtier.

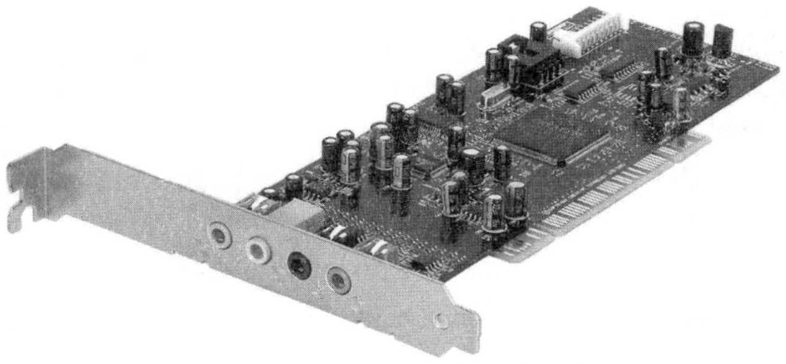

Figure 4.19 : Une carte audio PCI 5.1. En l'absence de prise spécifique, il faut brancher le micro sur l'entrée Line-In.

Si vous choisissez un modèle de carte son classique d'entrée de gamme, après son insertion dans le boîtier et le redémarrage de l'ordinateur, sa détection par Windows devrait être automatique. Eventuellement, le CD-ROM fourni avec la carte peut être demandé pour compléter l'installation.

A l'issue de l'installation, vous pouvez vérifier que tout est en ordre en cliquant sur Démarrer, Panneau de configuration, puis sur le lien Sons, voix et périphériques audio et, enfin, Sons et périphériques audio. Sous l'onglet Audio, vous devez retrouver les nouvelles caractéristiques de votre configuration pour le son (voir Figure 4.20). Le nom de la carte ou de son composant électronique essentiel doit figurer dans la rubrique Lecture audio.

Pour un ordinateur portable

Avec un ordinateur portable ou un ordinateur de bureau qui ne possède pas d'emplacement PCI libre, vous choisirez un adaptateur sonore externe. Un peu plus coûteux qu'une carte interne, ce type d'adaptateur se présente sous la forme d'un petit boîtier (voir Figure 4.21) qui se connecte à l'ordinateur par l'intermédiaire d'une prise USB.

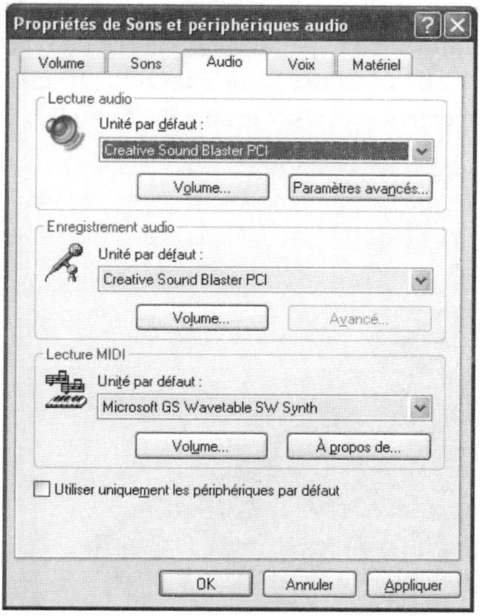

Figure 4.20 : La carte audio installée est bien reconnue.

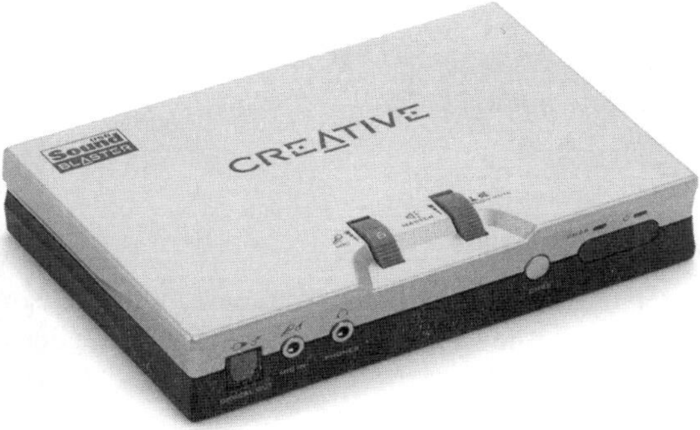

Figure 4.21 : Un boîtier externe pour les fonctions audio.

Une autre solution pour permettre à un ordinateur portable de diffuser de la musique est de l'équiper d'une petite carte interne de type PC Card (voir Figure 4.22). Celle-ci est très facile à installer. Il suffit de glisser la carte dans le logement prévu sur le côté du portable.

Figure 4.22 : Une carte audio PC Card.

Options audio de Skype

Après l'installation réussie d'une carte son, vous devez retrouver son nom parmi les paramètres de Skype, dans le menu Outils, Options, Audio (voir Figure 4.23).

Lorsque plusieurs cartes son se trouvent installées sur l'ordinateur, vous pouvez régler précisément les entrées et les sorties utilisées pour différentes applications. Ainsi, avec deux cartes son, vous pouvez créer deux comptes Skype dont les entrées-sorties respectives peuvent fonctionner en parallèle.

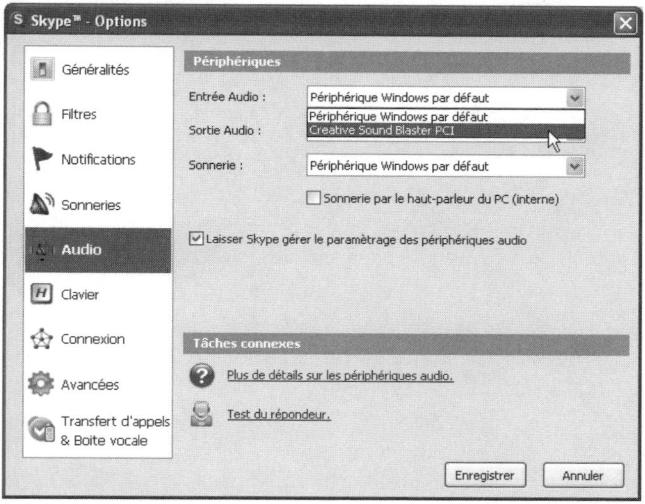

Figure 4.23 : Skype vous permet de retrouver les périphériques audio utilisés en entrée (pour le micro) et en sortie (vers les haut-parleurs ou le casque).

A quoi peuvent bien servir deux cartes son lorsque l'on utilise Skype ? Les utilisateurs chevronnés du logiciel de téléphonie le plus populaire ont déjà trouvé plusieurs exemples d'application. Parmi celles-ci : la création de deux comptes Skype, l'un pour les communications privées, l'autre pour l'usage professionnel. Une telle configuration avec deux comptes Skype et deux cartes son permet aussi de diffuser des informations en continu ou de la musique sur l'un des comptes Skype. Vous pouvez aussi partager votre sélection musicale du moment avec des amis dispersés à travers le monde *via* une téléconférence Skype. Un exemple de ce genre de "Radio Skype" personnelle est présenté en détail au Chapitre 10.

Chapitre 5

Téléphoner

L'interface du logiciel Skype est simplifiée à l'extrême pour bien mettre en évidence les fonctions essentielles de téléphonie plutôt que la discussion en messagerie instantanée (le chat par messages texte, qui est bien présent lui aussi dans Skype). L'ergonomie rappelle pourtant celle des logiciels de messagerie instantanée tout en reprenant certaines bonnes idées des interfaces de téléphones mobiles. Et, signe d'une conception bien pensée, vous avez presque toujours plusieurs méthodes pour atteindre une même fonction (appeler un contact, changer de statut…). Avant de passer le premier appel, visite rapide des grandes fonctions de Skype.

Interface de Skype

Sous la barre de menus et la barre de boutons, dans la fenêtre Skype, figurent trois onglets seulement :

- **Contacts.** Pour appeler les personnes (amis) que vous avez entrées dans le répertoire Skype.
- **Composer.** Pour appeler des lignes de téléphones fixes si vous avez souscrit à l'option SkypeOut.
- **Historique.** Pour retrouver facilement les derniers appels passés.

Quel que soit l'onglet sur lequel vous cliquez, le bas de la fenêtre Skype ne change pas. On y retrouve une barre de notification d'événements (appels en absence) et une barre permettant de retrouver les services Skype souscrits. Sans oublier les boutons Décrocher (vert) et Raccrocher (rouge) qui restent ainsi visibles et rapidement cliquables quel que soit le volet de Skype à l'écran.

Contacts

La fenêtre Contacts regroupe tous les "amis" Skype qui vous ont autorisé à figurer dans votre liste (les autorisations en cours sont signalées par un point d'interrogation). Pour constituer cette liste, même si vous connaissez déjà le pseudo d'un correspondant Skype, vous devrez en premier lieu effectuer une recherche. Cette recherche permettra d'interroger le répertoire Skype pour connaître l'actuelle adresse IP de ce pseudo, son statut et savoir s'il vous a déjà autorisé à ajouter son nom dans vos contacts.

Les contacts possédant une boîte vocale sont signalés par une icône particulière. En plus de leur statut du moment (lire plus loin), elle présente une petite K7 rectangulaire. Vous savez ainsi que, même en cas de déconnexion ou d'absence, vous pouvez enregistrer à leur intention un message vocal (voir Figure 5.1).

Composer

La fenêtre Composer ne concerne que les utilisateurs de l'option payante SkypeOut. Celle-ci permet d'appeler n'importe quel numéro de téléphone de lignes fixes ou de mobiles à partir de l'interface Skype. Cette fonction n'intéresse encore qu'une minorité d'utilisateurs de Skype (moins de 10 % en France). Mais elle est destinée à un grand développement, au fur et à mesure que davantage d'adeptes de Skype en feront leur outil de téléphonie principal sinon unique.

Figure 5.1 : La liste des contacts et leur statut. Elle affiche aussi le nombre de contacts connectés au réseau et le nombre total répertorié.

Les concepteurs de l'interface de Skype ont déjà largement anticipé sur cette évolution en faisant du SkypeOut une fonction centrale du logiciel. Elle reprend tout simplement la présentation d'un clavier numérique avec les touches spéciales * et #, indispensables pour naviguer dans certains services vocaux (voir Figure 5.2).

Historique

Dans la fenêtre Historique, toute la chronologie des opérations effectuées avec Skype est conservée. C'est un journal qui s'inspire de ce que l'on trouve sur les téléphones mobiles.

Les différents appels sont signalés par des icônes :

- **Rouge avec une flèche brisée.** Appels en absence.
- **Verte avec une flèche vers le bas.** Appels entrants.
- **Bleue avec une flèche vers le haut.** Appels sortants.
- **K7.** Messages vocaux.

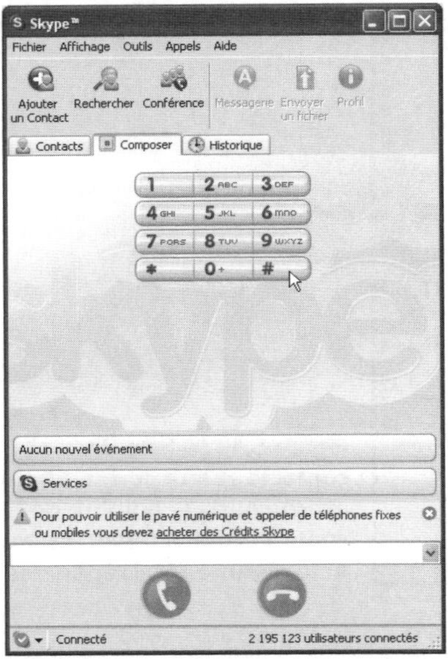

Figure 5.2 : Le clavier numérique n'est utilisé que pour le SkypeOut.

Il est possible de filtrer ces différents éléments en cliquant sur les icônes en haut de la fenêtre. L'icône * affiche tous les appels et messages par ordre chronologique. Skype permet aussi de filtrer l'historique des appels et des messages par contacts (voir Figure 5.3).

Retrouver et appeler un ami Skype

Tout ajout de contact commence par une recherche dans le répertoire des membres de la communauté Skype.

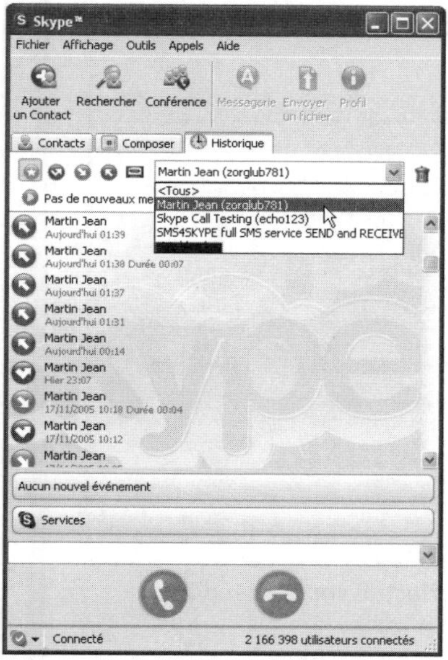

Figure 5.3 : Filtre de l'historique des appels pour un contact.

Rechercher

Deux méthodes sont prévues pour enrichir sa liste de contacts :

- **Bouton Ajouter des contacts.** Vous indiquez directement un pseudo qui vous a été transmis, un nom complet ou une adresse e-mail (avec ou sans le nom de domaine) et Skype recherche dans son répertoire les correspondances (voir Figure 5.4).
- **Bouton Rechercher.** En plus du pseudo ou du nom, vous pouvez lancer une recherche en précisant un pays, une ville, une langue, un genre, un âge (voir Figure 5.5).

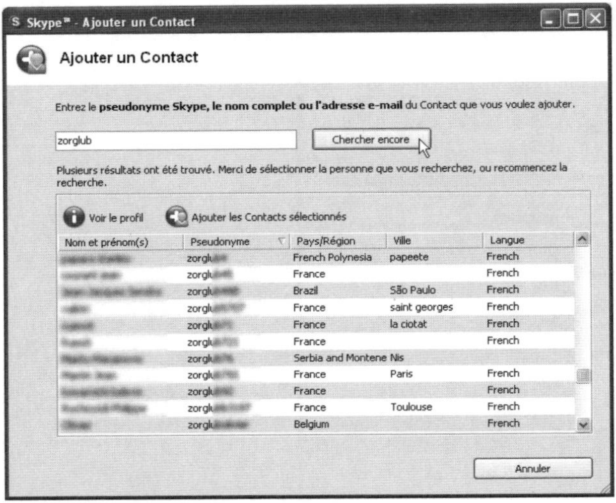

Figure 5.4 : La recherche s'effectue sur le pseudo, le nom complet et l'adresse e-mail.

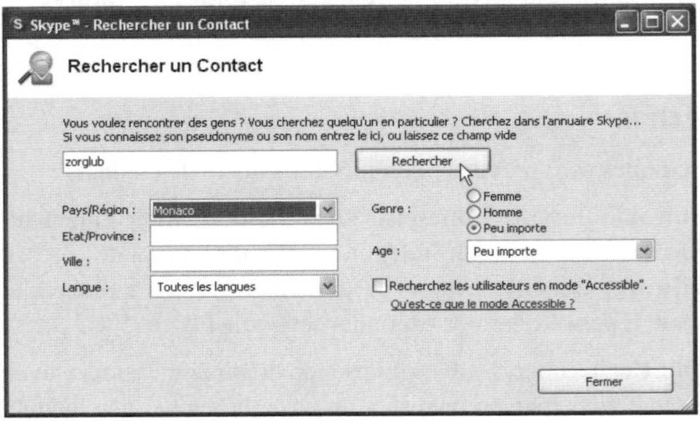

Figure 5.5 : La fonction Rechercher un contact utilise toutes les informations enregistrées dans les profils des utilisateurs Skype.

Une recherche peut être lancée uniquement sur un pays ou une ville pour retrouver de nombreux utilisateurs Skype habitant près de chez vous. Pour sélectionner seulement ceux qui sont prêts à bavarder, cochez la case Recherchez les utilisateurs en mode Accessible.

Vous pouvez explorer les résultats d'une recherche en cliquant sur un nom de la liste puis sur le bouton Voir le profil (ou par un double-clic sur le nom). Vous obtenez ainsi toutes les informations que cet utilisateur a décidé de rendre publiques sur le réseau Skype (voir Figure 5.6).

Figure 5.6 : Si le profil correspond à la personne recherchée, vous pouvez ajouter directement ce contact à votre liste.

Demander l'autorisation

Lorsque vous ajoutez un contact à votre liste, son nom s'inscrit précédé d'un point d'interrogation qui indique une attente d'autorisation de sa part pour pouvoir figurer dans cette liste. En même temps, une demande d'autorisation lui est envoyée (voir Figure 5.7).

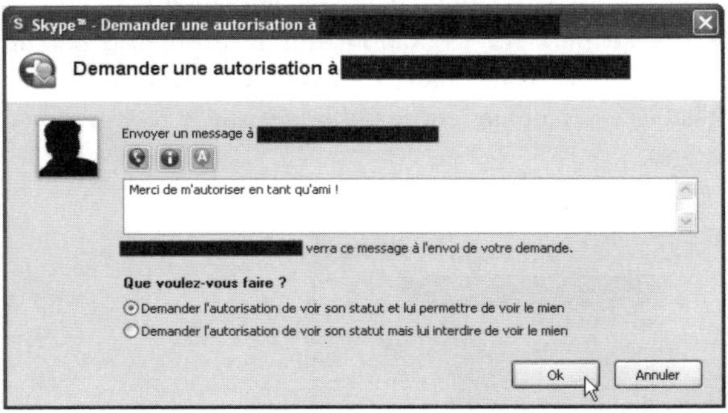
Skype™ - Demander une autorisation à [redacted]
Demander une autorisation à [redacted]
Envoyer un message à [redacted]
Merci de m'autoriser en tant qu'ami !
[redacted] verra ce message à l'envoi de votre demande.
Que voulez-vous faire ?
Demander l'autorisation de voir son statut et lui permettre de voir le mien
Demander l'autorisation de voir son statut mais lui interdire de voir le mien
Ok
Annuler

Figure 5.7 : Chaque contact doit approuver son ajout à votre liste.

Obtenir l'autorisation n'est pas indispensable pour passer un appel. Elle permet seulement de connaître en permanence le statut du contact et sa disponibilité, ce qui pourrait apparaître comme une atteinte à la vie privée si elle n'était pas clairement approuvée par l'intéressé.

Si une autorisation tarde à vous parvenir, vous pouvez en refaire la demande à l'intéressé par la commande Demander d'autorisation.

Lorsque l'autorisation est confirmée par le contact, elle reste acquise, même si vous retirez temporairement ce contact de votre liste. Quand vous le réintégrerez, il retrouvera automatiquement son statut de contact autorisé. Le seul moyen de retirer une autorisation accordée précédemment est d'interdire l'utilisateur par la commande Bloquer ce contact (voir Figure 5.8).

Figure 5.8 : Pour empêcher un contact autorisé de vous appeler, vous devez bloquer celui-ci.

Appeler un contact

Il est prévu plusieurs manières de lancer un appel à un correspondant Skype.

La méthode la plus directe est, à l'issue d'une recherche, de cliquer du bouton droit sur le nom du contact et de sélectionner la commande Appeler ce contact (voir Figure 5.9).

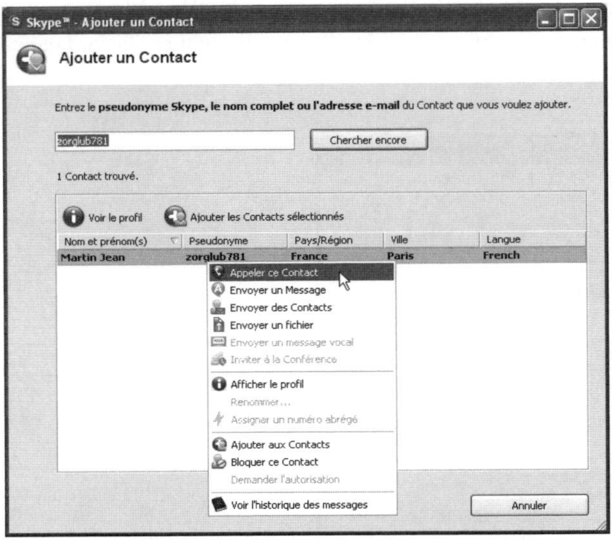

Figure 5.9 : Appel à l'issue d'une recherche, sans demande d'autorisation.

Si le correspondant autorise tous les appels entrants, sans filtrage (option par défaut), son téléphone Skype sonnera et, s'il décroche, la conversation pourra commencer. Si, en revanche, il a placé un filtre sur ses communications Skype (sur la liste de ses contacts ou sur les seules personnes autorisées), l'appel ne sera pas acheminé.

La pratique la plus commune est de se limiter, pour ses appels, à sa liste de contacts ayant été autorisés (absence de point d'interrogation à côté de leur nom dans la liste). Dans ce cas, il suffit d'un double-clic sur le contact pour lancer l'appel ou d'un clic du bouton droit sur le nom du contact pour lancer la commande Appeler le contact. Vous pouvez aussi sélectionner le contact et cliquer sur le bouton vert Décrocher (voir Figure 5.10).

Figure 5.10 : Appel d'un contact autorisé.

Si le contact n'est pas encore autorisé, vous pouvez aussi tenter votre chance. Votre correspondant n'a peut-être pas activé ce filtre. Si la demande d'autorisation est déjà ancienne et que l'appel n'aboutisse pas (le filtre est actif), renouvelez la demande d'autorisation auprès de ce contact (voir Figure 5.11).

Statut de connexion

L'état ou statut de votre connexion à la communauté Skype s'affiche en bas de la fenêtre dans la barre d'état (voir Figure 5.12). Les mêmes icônes sont utilisées pour indiquer le statut de vos contacts. Pour changer votre statut, vous devez cliquer sur la petite flèche à côté du petit graphisme qui représente l'état courant.

Figure 5.11 : Relance d'une demande d'autorisation restée sans réponse.

Figure 5.12 : Les différents statuts possibles pour la connexion Skype.

Skype dans tous ses états

Ce statut Skype peut prendre les aspects suivants :

- **Déconnecté.** C'est un statut que vous pouvez décider d'activer pour vous déconnecter temporairement du réseau Skype. Dans ce cas, vous ne pouvez plus passer d'appel.
- **Connecté.** Statut par défaut lorsque vous lancez Skype, que vous êtes identifié par un pseudo et que vous êtes connecté à Internet. Il est possible de basculer de l'état Déconnecté à Connecté lorsque la déconnexion antérieure était volontaire.
- **Accessible.** C'est un statut qui incite vos contacts à entrer en communication avec vous pour bavarder librement. Dans la version originale anglaise, cet état est nommé de manière plus incitative ("Skype Me").
- **Absent.** C'est le statut qui s'affiche alors que, étant connecté à Skype, vous avez laissé votre ordinateur inactif pendant cinq minutes (aucune frappe au clavier, aucun mouvement de souris). Cette durée peut être modifiée dans les options.
- **Pas disponible.** Idem que le statut Absent, mais l'inactivité s'est prolongée durant vingt minutes. Cette durée peut être modifiée dans les options.
- **Ne pas déranger.** C'est un statut que vous décidez d'activer pour indiquer à vos correspondants que vous ne souhaitez pas être appelé. Mais cela n'empêche personne d'essayer.
- **Invisible.** C'est également un statut que vous décidez d'activer pour apparaître comme non connecté sur le réseau Skype alors que vous êtes bien connecté et que vous restez prêt à appeler des contacts. Avec ce statut, comme pour Ne pas déranger, les utilisateurs de Skype peuvent tout de même tenter de vous appeler. Votre Skype sonnera et vous pourrez décrocher.

Chacun de ces états est assorti d'un petit graphisme. Celui-ci se retrouve à côté de votre nom dans le répertoire de contacts Skype de chacun de vos interlocuteurs connectés. Ils connaissent ainsi à tout moment votre disponibilité pour utiliser Skype et aussi l'intensité de votre activité sur votre ordinateur. En cas de changement d'état, la vitesse de rafraîchissement sur le réseau dépend de la vitesse d'actualisation des différents supernodes (nœuds de réseau) qui vous séparent de vos amis.

Automatiques et manuels

On peut donc distinguer deux types de statuts :

- **Les statuts automatiques.** Ils sont automatiquement affichés par Skype en fonction de l'activité ou de l'inactivité de l'utilisateur sur son ordinateur sur le programme Skype ou sur tout autre programme (voir Figure 5.13).

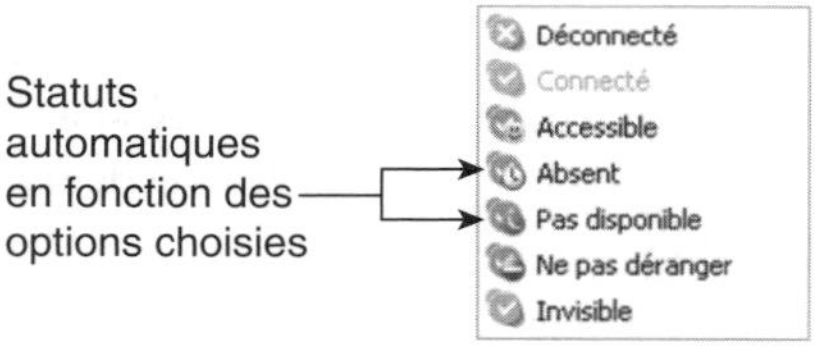

Figure 5.13 : Les statuts automatiques de Skype. L'utilisateur n'intervient pas directement sur ceux-ci.

  Les réglages de ces automatismes peuvent être modifiés dans le menu Outils, Options, Généralités (voir Figure 5.14).

- **Les statuts manuels.** Ils peuvent être manuellement modifiés par l'utilisateur, simplement en cliquant sur l'un de ces états dans la liste des statuts (voir Figure 5.15).

  On peut ajouter à ces statuts manuels les statuts de type bascule Déconnecté/Connecté que l'utilisateur peut également imposer manuellement.

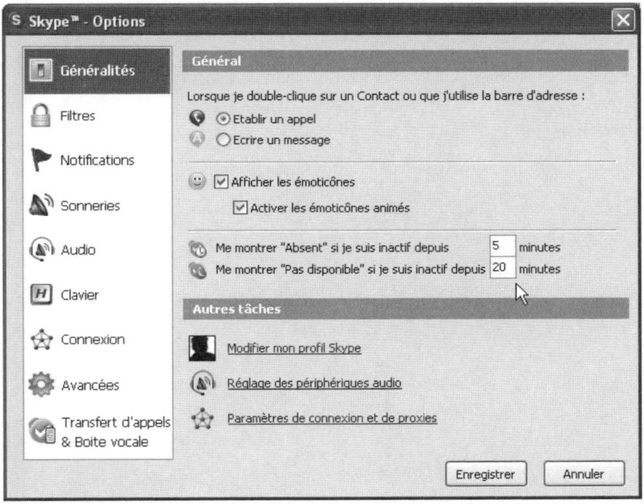

Figure 5.14 : Les options de réglage des statuts automatiques. A enregistrer après toute modification.

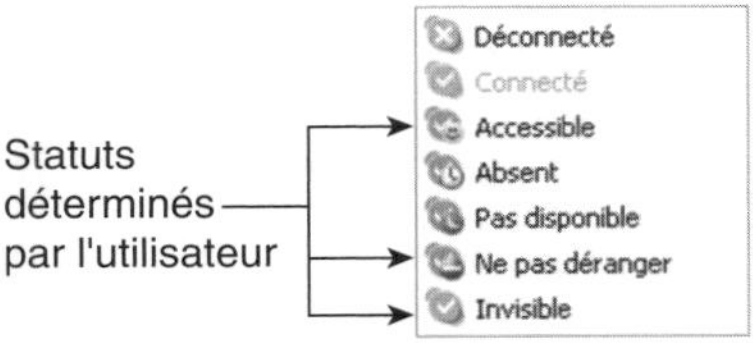

Figure 5.15 : Les statuts manuels de Skype. L'utilisateur les modifie directement.

Le statut Déconnecté qui s'affiche à côté du nom d'un contact ne paraît pas très fiable. Il apparaît parfois dans les listes de contacts pour un utilisateur qui est bien actif et ne s'est pas déclaré comme Invisible.

Chapitre 6

SkypeOut et SkypeIn

SkypeOut et SkypeIn sont les deux compléments indispensables de la communication gratuite de PC à PC. Ce n'est pas le moindre mérite de Skype d'avoir rendu ces concepts simples et compréhensibles par des utilisateurs pas toujours au fait de la technologie VoIP.

SkypeOut permet d'appeler depuis Skype toutes les lignes fixes et les mobiles dans le monde entier.

Inversement, SkypeIn autorise les utilisateurs de lignes fixes et de mobiles à appeler les membres de la communauté Skype.

Ces deux options sont payantes pour les utilisateurs de Skype et constituent aujourd'hui la principale source de revenus de l'éditeur.

SkypeOut

Le service Skype est totalement gratuit pour les appels d'ordinateur à ordinateur, quelles que soient la durée et la distance. En revanche, pour appeler vers les lignes téléphoniques classiques ou les mobiles, vous devez utiliser le service SkypeOut et la fenêtre Composer de votre logiciel Skype. Ce service est payant et vous devez, avant de passer votre premier appel, acheter un crédit sur le portail Web de Skype.

Le tarif SkypeOut

Les tarifs de SkypeOut sont présentés dans la page : **http://www.skype.com/products/skypeout/rates/**. Pour les appels vers les lignes fixes des principales destinations (Europe occidentale, Amérique du Nord, Chine, Australie), quel que soit le pays d'origine de l'appel, SkypeOut est facturé à un tarif unique de 0,017 euro la minute (voir Figure 6.1). Les tarifs ne sont détaillés que pour les autres pays et pour les appels vers les mobiles.

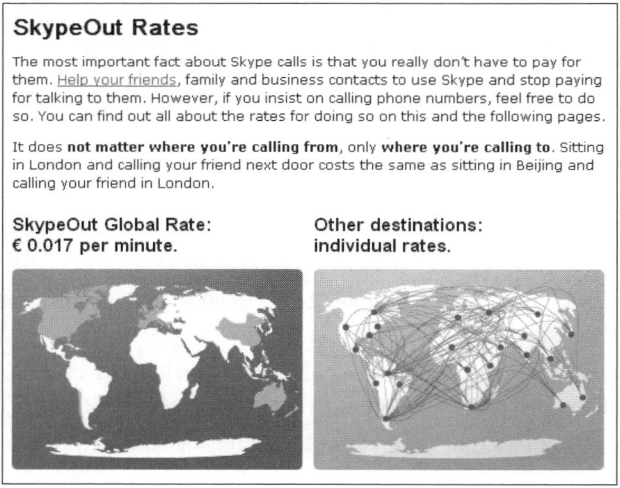

SkypeOut Rates
The most important fact about Skype calls is that you really don't have to pay for them. Help your friends, family and business contacts to use Skype and stop paying for talking to them. However, if you insist on calling phone numbers, feel free to do so. You can find out all about the rates for doing so on this and the following pages.
It does not matter where you're calling from, only where you're calling to. Sitting in London and calling your friend next door costs the same as sitting in Beijing and calling your friend in London.
SkypeOut Global Rate:
€ 0.017 per minute.
Other destinations:
individual rates.

Figure 6.1 : Une zone unique pour l'Europe, l'Amérique du Nord et la Chine.

Pour appeler vers des lignes fixes en France donc, aux conditions de la fin 2005, le tarif est de 0,017 euro la minute (le même que pour la Chine !), soit trois à cinq fois moins cher que le tarif facturé par les grands opérateurs nationaux comme France Télécom ou Cegetel.

Un crédit de 10 euros de SkypeOut vous donne donc droit à près de 10 heures de communications vers les lignes fixes en France (1 euro l'heure). En revanche, vers les mobiles des opérateurs français, le tarif Skype atteint 0,164 euro la minute, ce qui n'est pas très bon marché (voir Figure 6.2).

France	€ 0.017	€ 0.020
France - Mobile	€ 0.164	€ 0.189
France-Paris	€ 0.017	€ 0.020
France-Toll Free	€ 0.000	€ 0.000
French Guiana	€ 0.097	€ 0.112
French Guiana - Mobile	€ 0.158	€ 0.182
French Polynesia	€ 0.228	€ 0.262

Figure 6.2 : Les tarifs SkypeOut pour la France.
A droite, le tarif TTC.

Ces tarifs s'entendent hors TVA. C'est le taux de 15 %, en vigueur au Luxembourg, où est implanté le siège social de Skype, qui est appliqué aux crédits achetés chez Skype. Le premier palier de 10 euros vous revient donc en réalité à 11,50 euros TTC.

Quelle qualité peut-on espérer de ces communications vers les lignes fixes et les mobiles ?

Ces appels extérieurs à la communauté Skype impliquent le passage par des passerelles qui peuvent, dans certains cas, dégrader le signal. La qualité sonore est presque toujours inférieure à ce que l'on obtient entre deux ordinateurs sous logiciel Skype. L'interactivité est un peu moins bonne et un léger écho peut perturber les conversations. Mais dans l'ensemble, le confort est très correct et au moins aussi bon que pour les appels passés par les lignes de téléphonie IP des offres Freebox, Wanadoo Livebox, etc.

Acheter un crédit SkypeOut

Pour acheter un crédit SkypeOut, cliquez sur Services puis sur SkypeOut : appels globaux aux prix locaux (voir Figure 6.3).

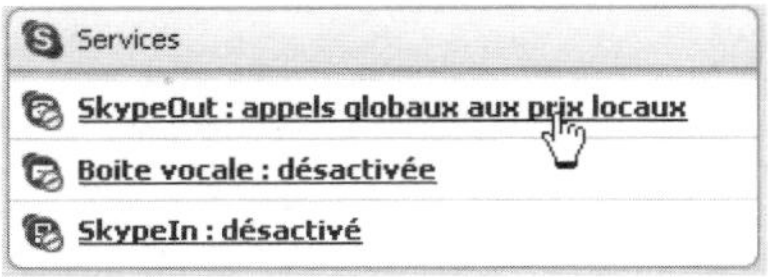
Services
SkypeOut : appels globaux aux prix locaux
Boite vocale : désactivée
SkypeIn : désactivé

Figure 6.3 : Avant de réaliser votre premier appel Skype vers une ligne fixe, vous devez passer à la caisse.

Authentification

Vous êtes alors basculé sur votre navigateur Internet et le portail de Skype.

1. Confirmez votre mot de passe pour ouvrir une session transactionnelle sécurisée et cliquez sur Enregistrer (voir Figure 6.4).

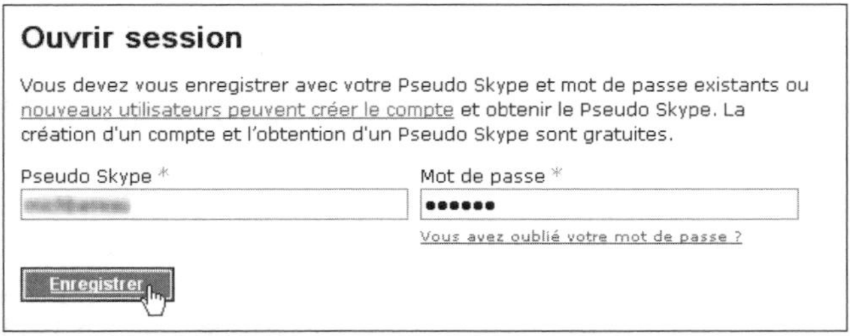
Ouvrir session
Vous devez vous enregistrer avec votre Pseudo Skype et mot de passe existants ou nouveaux utilisateurs peuvent créer le compte et obtenir le Pseudo Skype. La création d'un compte et l'obtention d'un Pseudo Skype sont gratuites.
Pseudo Skype *
Mot de passe *
Vous avez oublié votre mot de passe ?
Enregistrer

Figure 6.4 : Authentification sur le portail Skype.

Votre solde étant au départ à zéro, vous devez acquérir des crédits Skype.

2. Cliquez sur le lien Acheter des crédits skype (voir Figure 6.5).

Vue d'ensemble
Mon solde de crédits Skype
Il vous reste 0.00 de crédits Skype.
Acheter plus de crédits Skype
Mes services
Le solde de mon compte
SkypeOut n'est pas actif.
Vous activez SkypeOut en achetant le crédit ou rachetant un coupon.
Acheter des crédits Skype
Les tarifs d'appel SkypeOut

Figure 6.5 : Tant que vous ne possédez pas de crédit, la fonction SkypeOut est désactivée.

Un premier forfait de 10 euros vous est proposé.

3. Cliquez sur Acheter pour démarrer la transaction par carte de paiement (voir Figure 6.6).

Acheter des crédits Skype
Si vous ajoutez des crédits Skype à votre compte, vous pouvez aussi acheter des services et des contenus Skype, y compris SkypeOut, un moyen sympa et abordable d'utiliser Skype pour appeler vos amis qui se servent toujours d'un téléphone ordinaire, fixe ou mobile.
Choisir le montant
Adresse
Confirmation
Commande exécutée
Choisir le montant
Acheter
€ 10.00
Presque 10 heures d'appels avec le tarif global Skype
Le solde de vos crédits expire après 180 jours sans activité. Consultez les Conditions générales des services pour plus d'informations.

Figure 6.6 : Les 10 euros s'entendent hors taxes.

Comme pour les cartes pour téléphones mobiles le crédit acheté est à consommer dans un certain délai, 6 mois pour le forfait 10 euros. Si durant 180 jours consécutifs votre compte SkypeOut ne connaît aucun mouvement, votre crédit est annulé.

4. Pour poursuivre la procédure, vous devez accepter les conditions de vente (voir Figure 6.7).

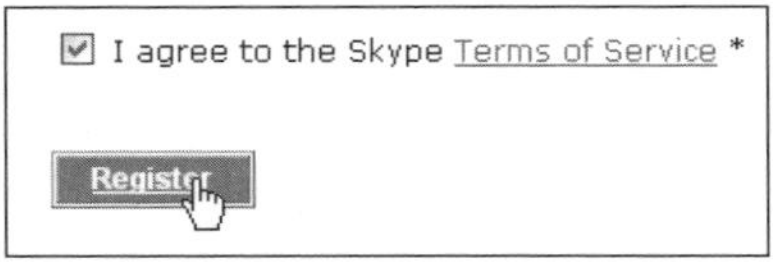

Figure 6.7 : Acceptez les conditions générales de vente avant de vous enregistrer.

5. Un courrier électronique (en anglais) vous est alors expédié pour vous transmettre un code de vérification (voir Figure 6.8).

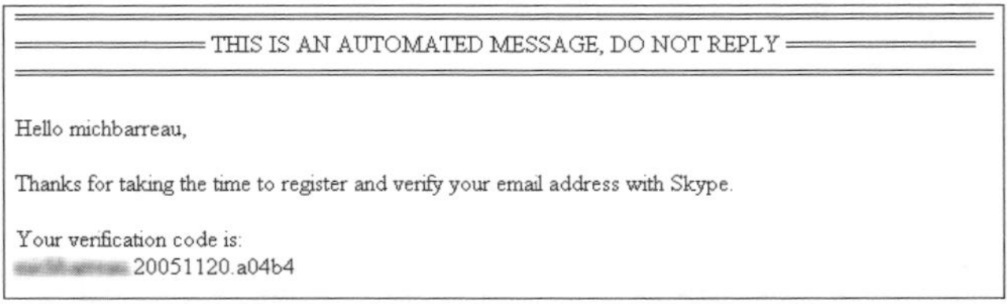

THIS IS AN AUTOMATED MESSAGE, DO NOT REPLY

Hello michbarreau,

Thanks for taking the time to register and verify your email address with Skype.

Your verification code is:
[redacted]20051120.a04b4

Figure 6.8 : Recopiez ce code de vérification indispensable pour continuer.

6. Entrez le code de vérification (y compris votre pseudo) dans le champ du formulaire Customer Registration et cliquez sur le bouton de demande de validation (voir Figure 6.9).
7. Vous précisez ensuite une adresse de facturation (voir Figure 6.10).

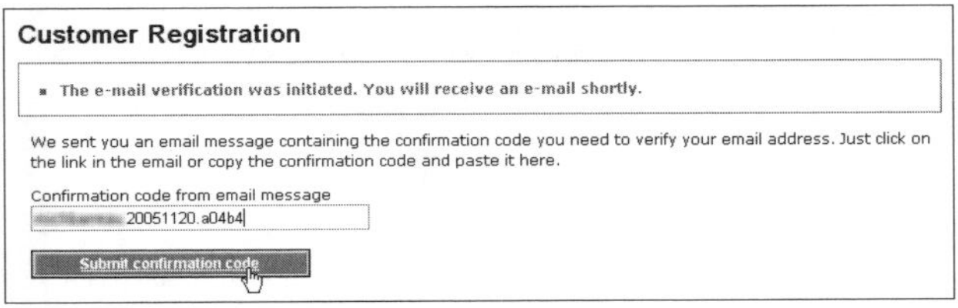
Customer Registration
The e-mail verification was initiated. You will receive an e-mail shortly.
We sent you an email message containing the confirmation code you need to verify your email address. Just click on the link in the email or copy the confirmation code and paste it here.
Confirmation code from email message
20051120.a04b4
Submit confirmation code

Figure 6.9 : Dernière étape de l'authentification avant le paiement par carte.

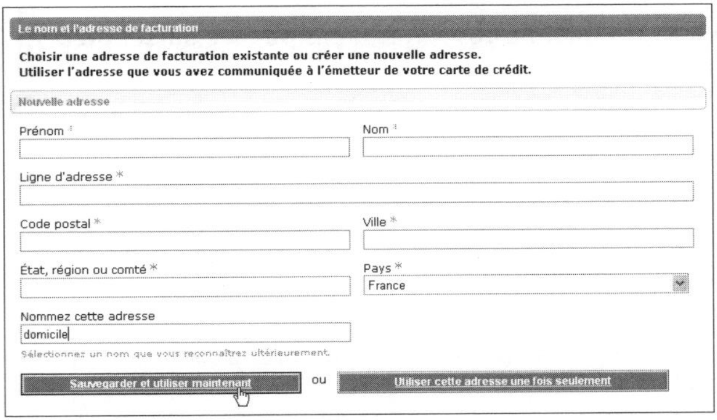
Le nom et l'adresse de facturation
Choisir une adresse de facturation existante ou créer une nouvelle adresse.
Utiliser l'adresse que vous avez communiquée à l'émetteur de votre carte de crédit.
Nouvelle adresse
Prénom
Nom
Ligne d'adresse
Code postal
Ville
État, région ou comté
Pays
France
Nommez cette adresse
domicile
Sélectionnez un nom que vous reconnaîtrez ultérieurement.
Sauvegarder et utiliser maintenant
ou
Utiliser cette adresse une fois seulement

Figure 6.10 : Vous pouvez sauvegarder ces informations pour pouvoir les réutiliser ultérieurement lors de prochaines transactions.

Paiement

1. Choisissez votre moyen de paiement entre les nombreuses cartes et méthodes proposées puis cliquez sur Continuer (voir Figure 6.11).
2. Une fois que vous avez saisi les informations propres au moyen de paiement choisi, un message vous confirme que votre commande est en cours de traitement (voir Figure 6.12).

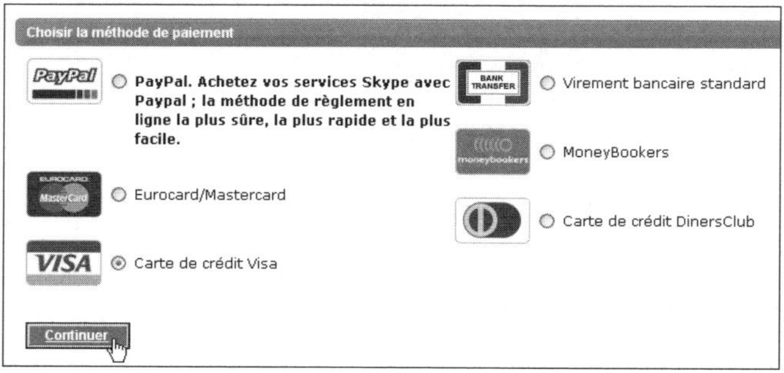
Choisir la méthode de paiement
PayPal
PayPal. Achetez vos services Skype avec Paypal ; la méthode de règlement en ligne la plus sûre, la plus rapide et la plus facile.
BANK TRANSFER
Virement bancaire standard
moneybookers
MoneyBookers
EUROCARD MasterCard
Eurocard/Mastercard
Carte de crédit DinersClub
VISA
Carte de crédit Visa
Continuer

Figure 6.11 : En dehors des cartes, vous pouvez aussi opter pour un virement bancaire.

Choisir le montant → Adresse → Confirmation → Commande exécutée
Votre commande est en cours de traitement
Merci de faire vos achats avec Skype ! Nous avons commencé à traiter votre commande numéro {ORDER,} comprenant :
€ 10.00 Solde des crédits Skype de 10 EUR
Important ! Votre commande est actuellement en cours de traitement. Ceci ne devrait pas durer plus de 15 minutes.

Figure 6.12 : La durée de traitement est généralement bien inférieure aux quinze minutes annoncées.

3. Au bout de quelques instants, un second courrier électronique doit vous parvenir. Il vous confirme (toujours en anglais) la bonne exécution de la transaction (voir Figure 6.13).

Passer un appel SkypeOut

La prise en compte du crédit est confirmée quand vous retournez sur Skype. Le crédit de 10 euros s'inscrit sur le bouton Services. Vous pouvez donc passer votre premier appel à l'aide du clavier numérique.

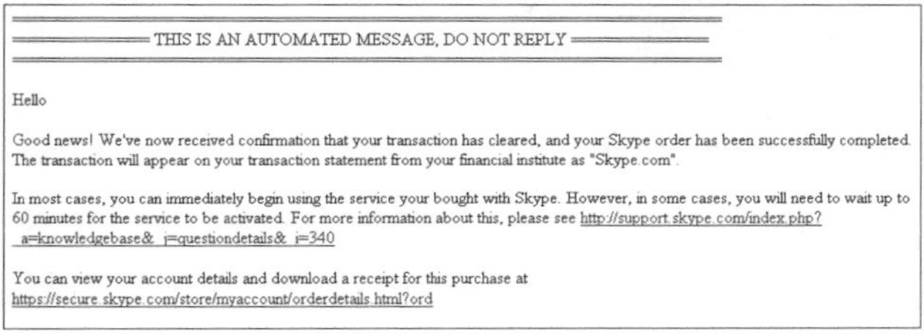

THIS IS AN AUTOMATED MESSAGE, DO NOT REPLY

Hello

Good news! We've now received confirmation that your transaction has cleared, and your Skype order has been successfully completed. The transaction will appear on your transaction statement from your financial institute as "Skype.com".

In most cases, you can immediately begin using the service your bought with Skype. However, in some cases, you will need to wait up to 60 minutes for the service to be activated. For more information about this, please see http://support.skype.com/index.php?_a=knowledgebase&_j=questiondetails&_i=340

You can view your account details and download a receipt for this purchase at https://secure.skype.com/store/myaccount/orderdetails.html?ord

Figure 6.13 : Votre crédit SkypeOut est maintenant validé.

Composer le numéro

En fait, il est beaucoup plus simple de placer le curseur dans la fenêtre inférieure destinée à recevoir le numéro car il faut saisir les numéros dans la notation internationale commençant par un +. +331XXXXXXXX est le format des numéros à composer pour la région parisienne. Terminez en cliquant sur le bouton vert de décrochage de la ligne (voir Figures 6.14 et 6.15).

Figure 6.14 : Skype va maintenant fonctionner comme un téléphone classique.

Figure 6.15 : Quand votre correspondant décroche, un nouvel onglet est créé.

Ajouter un contact de ligne fixe

A l'issue de la communication, vous pouvez en retrouver la durée dans l'historique.

1. Cliquez du bouton droit sur l'appel et sélectionnez la commande Ajouter aux contacts (voir Figure 6.16).
2. Vous pouvez remplacer le numéro de téléphone par un nom plus explicite. Les entrées de lignes fixes apparaissent dans les contacts dans une zone spécifique SkypeOut, précédées par une petite icône figurant un téléphone (voir Figure 6.17).

SkypeIn

Complément de SkypeOut, plus récemment apparue au catalogue de l'éditeur, SkypeIn est une option qui attribue aux membres de la communauté Skype un ou plusieurs numéros de lignes fixes.

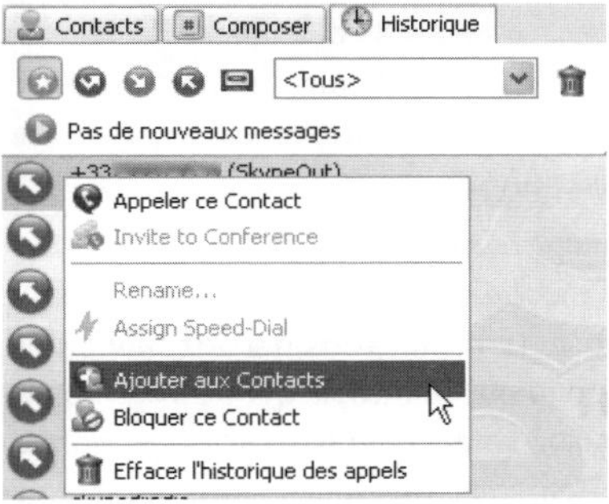

Figure 6.16 : Les appels vers les lignes classiques peuvent eux aussi figurer parmi vos contacts Skype.

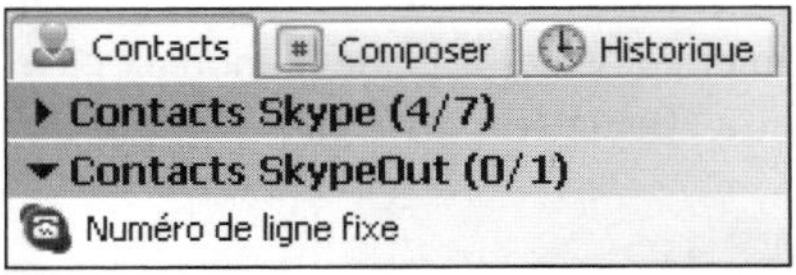

Figure 6.17 : Les contacts SkypeOut sont séparés des contacts Skype pour lesquels vous disposez à tout moment d'une information de statut.

En connaissant son numéro SkypeIn, n'importe quel usager du téléphone est en mesure d'appeler un utilisateur Skype. Même si elle ne paraît pas essentielle dans l'usage quotidien de Skype, cette option est importante car elle donne à l'utilisateur Skype le complément indispensable pour pouvoir totalement se passer d'une ligne de téléphone fixe. Petites restrictions cependant :

- Skype impose quasiment de disposer d'un accès Internet haut débit permanent. Or, celui-ci est basé le plus souvent sur la téléphonie fixe (mais éventuellement dégroupée).
- Les numéros d'urgence ne sont pas accessibles par Skype (mais un téléphone mobile conviendra pour cet usage).

Le tarif de SkypeIn

La tarification de SkypeIn est simple : 10 euros pour trois mois d'abonnement, 30 euros pour un an. La boîte vocale est offerte durant toute la durée de la souscription.

Mais le choix n'est pas pour autant facile pour tout le monde. Il faut en effet déterminer à quel pays raccorder votre numéro fixe SkypeIn. Ce choix est sans incidence sur le tarif que vous paierez mais il est très important pour vos correspondants habituels qui ne vous appellent pas à l'aide de Skype mais sur votre ligne fixe ou votre mobile. Où résident-ils pour la plupart ? Si vous travaillez à Paris et que tous vos contacts soient en Californie, vous avez intérêt à prendre un numéro SkypeIn sur cette région. Inversement, si vous vous installez en Californie et que toutes vos relations soient restées en France, optez pour un numéro SkypeIn français. Pour les très gros consommateurs de communications internationales avec de nombreux pays, Skype a prévu d'accorder jusqu'à 10 numéros différents SkypeIn.

Acheter un numéro SkypeIn

Comme pour l'achat d'un crédit SkypeOut, l'activation de l'option SkypeIn passe par un clic sur le lien prévu à cet effet dans les services optionnels listés en bas de la fenêtre Skype (voir Figure 6.18).

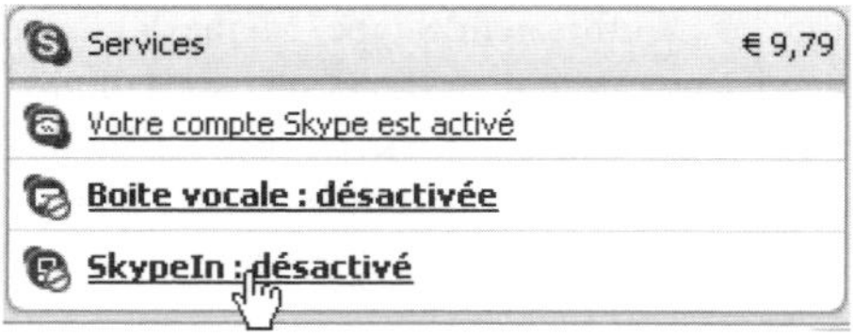

Figure 6.18 : Pour activer SkypeIn, cliquez sur ce lien.

Authentification

Vous êtes alors basculé sur votre navigateur Internet et le portail de Skype.

1. Confirmez votre mot de passe pour ouvrir une session transactionnelle sécurisée et cliquez sur Enregistrer (voir Figure 6.19).

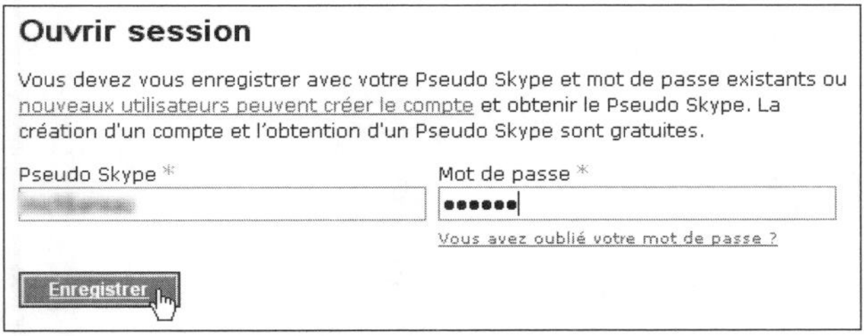
Ouvrir session
Vous devez vous enregistrer avec votre Pseudo Skype et mot de passe existants ou nouveaux utilisateurs peuvent créer le compte et obtenir le Pseudo Skype. La création d'un compte et l'obtention d'un Pseudo Skype sont gratuites.
Pseudo Skype *
Mot de passe *
Vous avez oublié votre mot de passe ?
Enregistrer

Figure 6.19 : Authentification sur le portail Skype.

L'option SkypeIn ne consiste pas en l'achat d'un crédit de communication. Il s'agit plutôt d'une location de numéro fixe et des services d'une passerelle entre le monde de la téléphonie fixe/mobile et la communauté Skype (voir Figure 6.20).

SkypeIn
SkypeIn n'est pas activé.
Acheter un numéro SkypeIn pour activer SkypeIn.
Acheter un numéro SkypeIn (avec la Messagerie Skype gratuite)

Figure 6.20 : La messagerie (c'est-à-dire la boîte vocale) est offerte avec le numéro SkypeIn.

2. Choisissez maintenant le pays de rattachement du numéro SkypeIn que vous souhaitez louer (voir Figure 6.21).

Dans quel pays souhaitez-vous un numéro SkypeIn ?
Denmark
Hong Kong S.A.R., China
Estonia
Poland
Finland
Now available again
Sweden
France
United Kingdom
Germany
United States
More numbers now available

Figure 6.21 : L'option SkypeIn n'est disponible que pour un nombre limité de pays.

3. Les procédures dépendent ensuite des pays et des opérateurs partenaires. Cliquez sur Continuer après le message d'avertissement (voir Figure 6.22).

Special requirements for SkypeIn numbers in France
To get a SkypeIn number in France you must first give us some personal information, e.g. your full name and address. The information you give will be shared with our service provider in France. As soon as they've approved your data, we'll activate your SkypeIn number.
You're just 3 steps away from having a SkypeIn number in France:
1 Give us your personal information
2 Buy your French SkypeIn number
Select your preferred number and subscription period, and make your payment.
3 Wait for verification
As soon as we receive your payment, we'll share your personal information with our service provider, and keep you up-to-date via email.
Continuer

Figure 6.22 : Les 3 étapes pour bénéficier d'un numéro SkypeIn pour la France.

4. Si vous avez déjà souscrit à un crédit SkypeOut, vous pouvez réutiliser les données personnelles transmises à cette occasion (voir Figure 6.23).

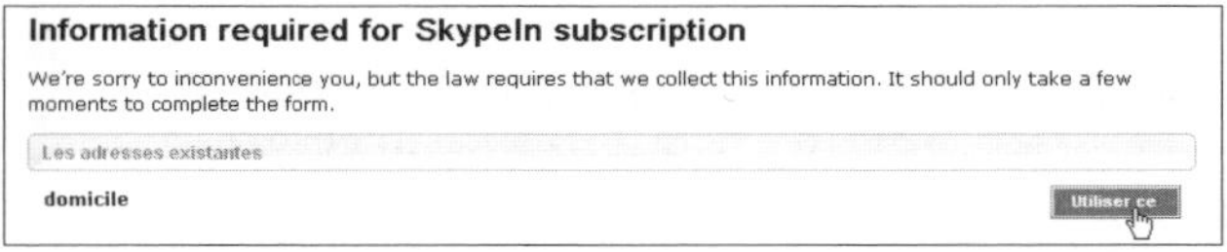
Information required for SkypeIn subscription
We're sorry to inconvenience you, but the law requires that we collect this information. It should only take a few moments to complete the form.
Les adresses existantes
domicile
Utiliser ce

Figure 6.23 : Le formulaire peut être complété par un simple clic si vous avez déjà souscrit à un service payant Skype. Vous devez cependant ajouter la civilité (Title) et séparer le numéro de rue pour qu'il puisse être validé.

5. Le bouton Continuer en bas de formulaire permet de poursuivre la procédure.

Choix du numéro SkypeIn

L'étape 2 consiste à choisir un numéro en 0870 parmi ceux disponibles. Un certain nombre de suggestions sont affichées mais vous pouvez en demander d'autres.

1. Cliquez sur votre choix de numéro de SkypeIn (voir Figure 6.24)

Etape 2 : numéro
Rechercher dans les numéros actuellement disponibles votre combinaison de numéros préférée.
Dans 870, rechercher cette combinaison de chiffres :
0870 406 473 | 0870 408 440 | 0870 408 203 | 0870 405 549
0870 446 324 | 0870 406 378 | 0870 445 364 | 0870 446 158
0870 408 304 | 0870 408 092 | Afficher dix nouvelles suggestions...
Cliquez sur un numéro SkypeIn pour le sélectionner.

Figure 6.24 : Vous pouvez aussi rechercher des numéros contenant certains chiffres précis en utilisant le caractère joker *.

2. Après sélection, le numéro choisi s'inscrit en gras. Il vous reste à sélectionner la durée de l'abonnement et à confirmer l'achat du numéro sélectionné (voir Figure 6.25).

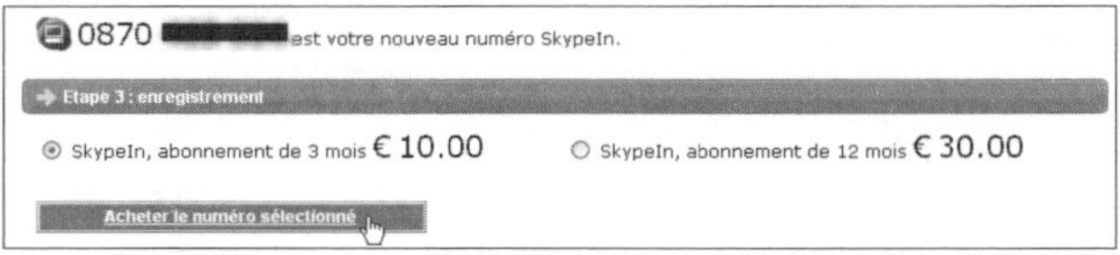

Figure 6.25 : Dix euros pour trois mois, c'est quand même moins cher que l'abonnement France Télécom.

Paiement

3. Après validation de l'adresse de facturation, vous allez choisir votre mode de règlement (voir Figure 6.26).

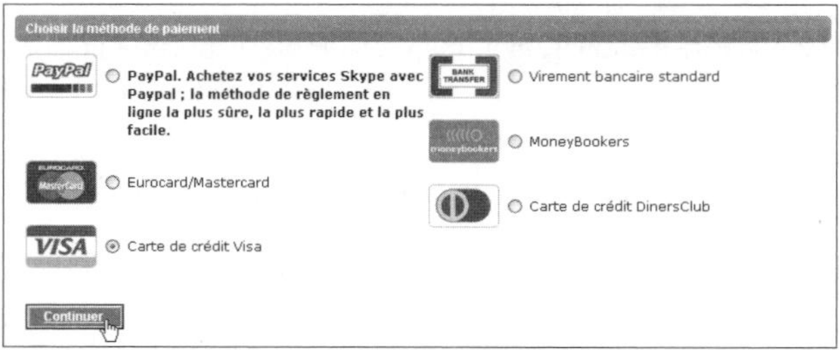

Figure 6.26 : Carte, virement ou PayPal, vous avez le choix.

4. Le bon de commande est édité, vous n'avez plus qu'à le compléter par les informations de transaction (voir Figure 6.27).

5. La commande est ensuite traitée. Vous recevez en parallèle des messages de confirmation de commande puis de validation par l'opérateur local.

Commande Skype 13700737

Description	Amount
SkypeIn, abonnement de 3 mois	€10.00
Supplément de messagerie vocale Skype, abonnement de 3 mois	€0.00
Total partiel :	€10.00
15% LUX TVA (qui doit le payer ?	€1.50
Total (c'est le montant qui vous sera facturé	€11.50

Si vous voulez annuler votre commande, fermez simplement cette fenêtre de navigateur ou appuyez Annuler Commande .

Figure 6.27 : La TVA de 15 % s'ajoute aux 10 ou aux 30 euros annoncés pour l'abonnement.

En ce qui concerne la commande, Skype laisse prévoir un délai maximal de six heures, mais la finalisation semble le plus souvent quasi-immédiate.

6. Au bas de la fenêtre Skype, l'indication de l'activation du compte SkypeIn apparaît bientôt (voir Figure 6.28).

Figure 6.28 : Le SkypeIn est bien activé pour ce compte ainsi que la boîte vocale.

Recevoir un appel SkypeIn

C'est le moment de tester le nouveau numéro :

1. Composez-le à partir de la ligne d'un téléphone fixe ou d'un mobile.
2. Quand la sonnerie retentit, vous décrochez pour prendre l'appel extérieur au réseau Skype signalé par le numéro de l'appelant en notation internationale (voir Figures 6.29 et 6.30).

Figure 6.29 : La présentation du numéro est incluse dans l'abonnement SkypeIn.

Pour retrouver votre numéro SkypeIn et la date d'expiration de l'abonnement, déroulez les services et cliquez sur le lien Votre compte SkypeIn est activé (voir Figure 6.31).

Figure 6.30 : La gestion de l'appel est identique aux communications Skype, la possibilité de "chat" par messages en moins.

Figure 6.31 : Les informations sur votre abonnement SkypeIn.

Votre profil Skype n'est pas modifié par la souscription à l'abonnement SkypeIn. Si vous voulez faire figurer votre numéro SkypeIn sur votre profil, vous devrez l'ajouter manuellement. En revanche, après l'abonnement SkypeIn, la petite icône K7 (boîte vocale) s'ajoute à votre statut pour vos correspondants Skype.

Chapitre 7

Messagerie vocale et transfert d'appel

La boîte vocale, appelée Voicemail dans la version originale, est une option payante (minimum 5 € pour trois mois) mais qui est incluse dans l'abonnement SkypeIn. En revanche, le transfert d'appel est gratuit vers un autre pseudo Skype. A moins que vous n'utilisiez vos crédits SkypeOut pour basculer vos correspondants Skype vers une ligne fixe ou un numéro de portable. Les deux fonctions, boîte vocale et transfert d'appel, sont parfaitement intégrées à Skype et très pratiques à utiliser.

Activation de la boîte vocale

Voici comment activer la boîte vocale directement si vous n'êtes pas intéressé par l'option SkypeIn :

- Pour souscrire au service Boîte vocale, cliquez sur le bouton Services au bas de la fenêtre Skype afin de dérouler la liste des services proposés. Parmi ceux-ci figure le lien Boîte vocale pour lequel l'état "désactivée" apparaît tant que vous n'avez pas souscrit à ce service ou à un abonnement SkypeIn (voir Figures 7.1 et 7.2).

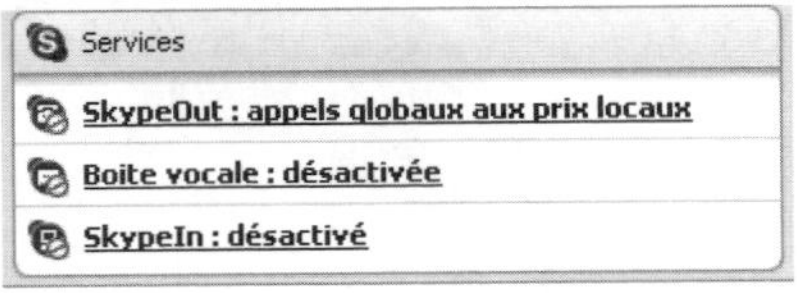

Figure 7.1 : L'aspect de la liste des services tant que vous n'avez souscrit à aucun service payant.

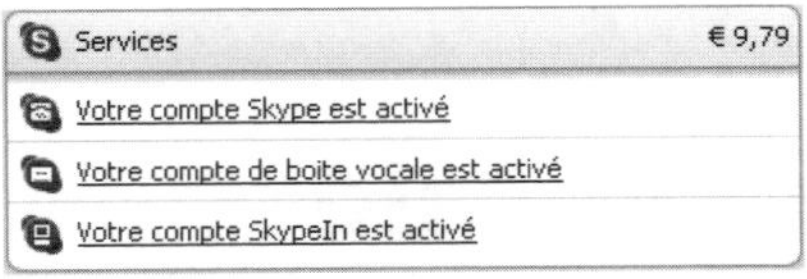

Figure 7.2 : La liste des services quand SkypeOut et SkypeIn sont activés.

- Pour activer la boîte vocale sans souscrire à SkypeIn, cliquez sur le lien Boîte vocale.

Authentification

Un clic sur Boîte vocale provoque l'ouverture du navigateur Internet. Celui-ci va afficher la page du site Web de Skype, Ouvrir session, afin que vous puissiez vous authentifier avant de vous abonner au service de boîte vocale.

1. Indiquez votre mot de passe pour ce pseudo puis cliquez sur le bouton Enregistrer (voir Figure 7.3).
2. La page suivante récapitule l'état de vos souscriptions et de crédits pour les services payants de Skype. Cliquez sur le lien Acheter Messagerie vocale pour activer simplement votre boîte vocale (voir Figure 7.4).
3. Vous avez ensuite le choix entre un abonnement de 3 mois à 5 euros et un autre de 12 mois à 15 euros. Cliquez sur le bouton Acheter pour la formule qui vous convient (voir Figure 7.5).

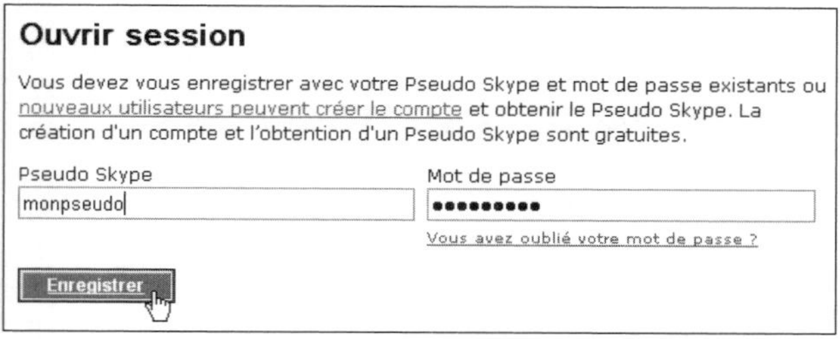

Ouvrir session
Vous devez vous enregistrer avec votre Pseudo Skype et mot de passe existants ou nouveaux utilisateurs peuvent créer le compte et obtenir le Pseudo Skype. La création d'un compte et l'obtention d'un Pseudo Skype sont gratuites.
Pseudo Skype
monpseudo
Mot de passe
Vous avez oublié votre mot de passe ?
Enregistrer

Figure 7.3 : Avant de souscrire à un service payant, vous devez vous identifier.

Suivez le lien ci-dessous pour acheter la Messagerie vocale.

Figure 7.4 : En réalité, la boîte vocale ne s'achète pas, elle se loue.

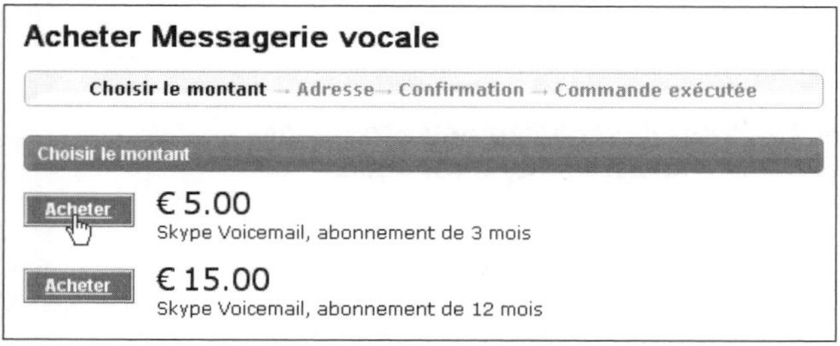

Figure 7.5 : Vous lancez ainsi la procédure d'enregistrement avant de valider la transaction par carte ou par virement.

4. Dans le formulaire d'enregistrement (en anglais), il est d'abord demandé d'indiquer une adresse de courrier électronique valide qui sera associée à votre mot de passe (voir Figure 7.6).

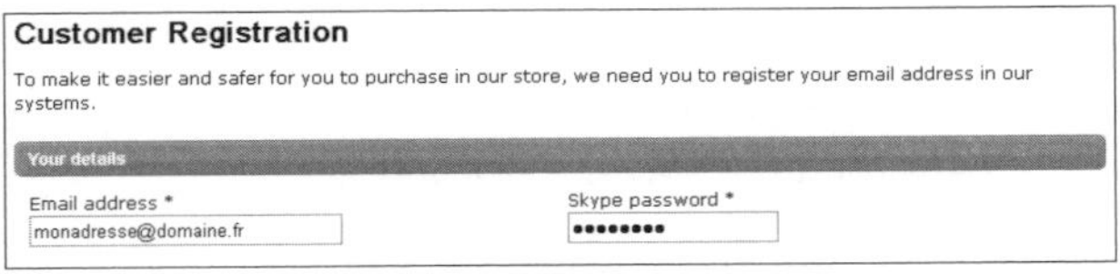
Customer Registration
To make it easier and safer for you to purchase in our store, we need you to register your email address in our systems.
Your details
Email address *
monadresse@domaine.fr
Skype password *
••••••••

Figure 7.6 : Le compte d'adresse e-mail indiqué doit être rapidement accessible pour que vous puissiez récupérer le code de confirmation.

5. Vous recevrez ensuite sur ce compte de courrier un message contenant un code de confirmation. Avec les trois éléments, pseudo, mot de passe et adresse e-mail valide, vous serez parfaitement authentifié et vous pourrez passer à la transaction pour souscrire à l'abonnement.
6. Cochez la case d'acceptation des conditions d'utilisation des services Skype, puis cliquez sur le bouton Register (voir Figure 7.7).

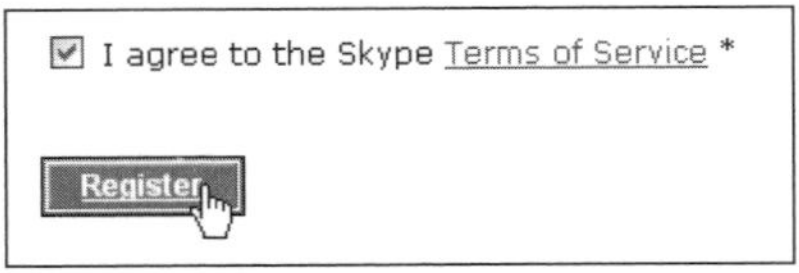
I agree to the Skype Terms of Service *
Register

Figure 7.7 : Vous devez accepter les conditions de vente (en anglais) avant de continuer.

7. Pour poursuivre la procédure, vous devez consulter le compte de messagerie que vous venez d'indiquer dans le formulaire.
8. Quelques instants seulement après avoir cliqué sur le bouton Register, vous devez recevoir un message appelé "Skype e-mail verification". Il contient le code de vérification qui vous est maintenant demandé sur une nouvelle page du formulaire d'enregistrement Skype. Sélectionnez ce code dans le message et recopiez-le dans le Presse-papiers (voir Figure 7.8).

THIS IS AN AUTOMATED MESSAGE, DO NOT REPLY
Hello skypodradio,
Thanks for taking the time to register and verify your email address with Skype.
Your verification code is:
monpseudo.20051121.7a5e

Figure 7.8 : Recopiez le code de confirmation.

9. Collez maintenant le code de confimation dans le formulaire et cliquez sur le bouton Submit (voir Figure 7.9).

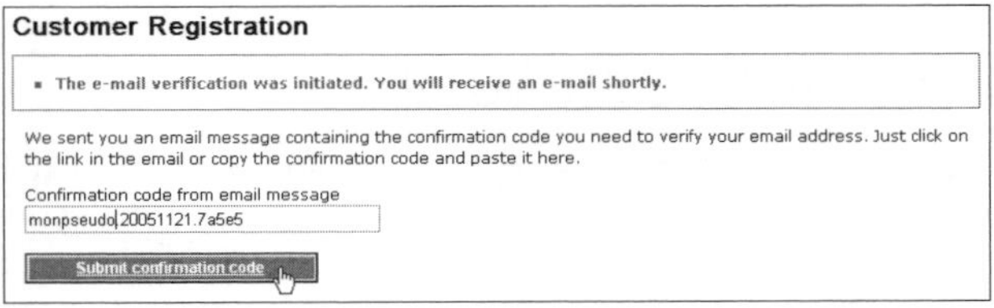
Customer Registration
The e-mail verification was initiated. You will receive an e-mail shortly.
We sent you an email message containing the confirmation code you need to verify your email address. Just click on the link in the email or copy the confirmation code and paste it here.
Confirmation code from email message
monpseudo.20051121.7a5e5
Submit confirmation code

Figure 7.9 : Après collage du précieux code, validez en cliquant sur Submit.

Transaction

Vous êtes maintenant authentifié. La procédure se poursuit avec la saisie de l'adresse de facturation et le règlement par carte de paiement ou par virement. C'est la même procédure que celle présentée au chapitre précédent pour l'achat d'un crédit SkypeOut.

A l'issue de l'opération (voir Figure 7.10), votre compte de boîte vocale est activé et cette information doit apparaître au bas de la fenêtre Skype dans la liste des services souscrits (voir Figure 7.11).

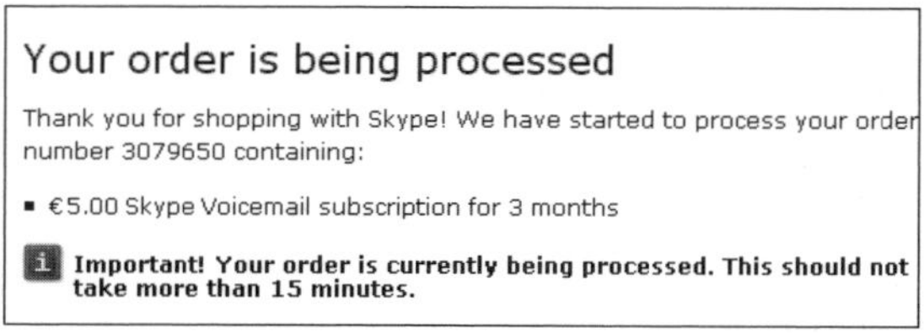

Your order is being processed
Thank you for shopping with Skype! We have started to process your order number 3079650 containing:
€5.00 Skype Voicemail subscription for 3 months
Important! Your order is currently being processed. This should not take more than 15 minutes.

Figure 7.10 : La fin de la transaction.

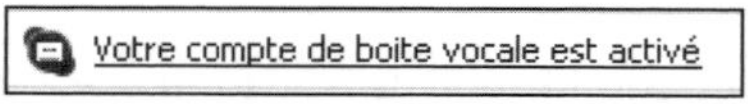

Figure 7.11 : La boîte vocale est maintenant ouverte.

Utilisation de la boîte vocale

Vous pouvez maintenant enfiler votre casque-micro pour enregistrer votre message d'accueil.

Enregistrer un message d'accueil

Pour enregistrer un message d'accueil :

1. Cliquez sur la commande Boîte vocale du menu Outils, qui a été créée lors de l'activation de la boîte vocale (voir Figure 7.12).

   La zone Message d'accueil de la rubrique Options, Boîte vocale propose trois boutons : lecture du message d'accueil (Flèche dans bouton vert), enregistrement d'un message (bouton rouge) et effacement du message/restauration du message par défaut (bouton RAZ avec flèche retour).

   En cliquant sur la touche verte, vous pouvez entendre le message d'accueil par défaut qui est attribué à votre boîte vocale si vous ne souhaitez pas la personnaliser.

2. Quand vous êtes prêt à enregistrer, cliquez sur le bouton d'enregistrement (voir Figure 7.13).

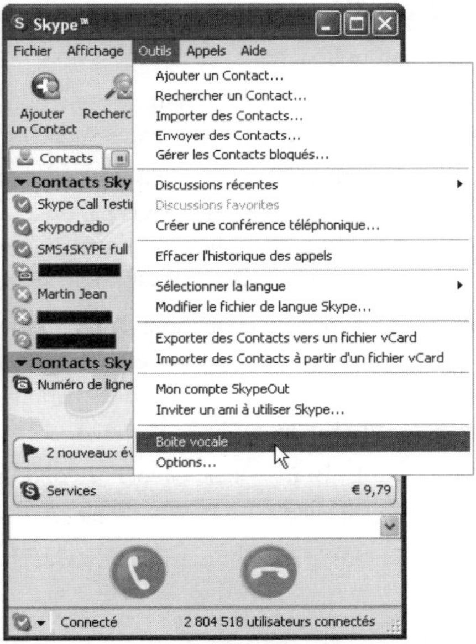

Figure 7.12 : Vous accédez directement à la rubrique Boîte vocale des options de Skype.

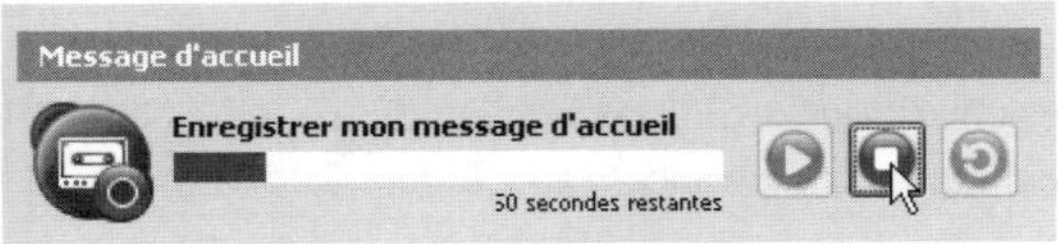

Figure 7.13 : C'est parti. Vous avez 60 secondes pour souhaiter la bienvenue à vos amis et correspondants Skype.

3. Pour écouter le message à l'issue de votre enregistrement cliquez sur le bouton vert. Si vous n'êtes pas satisfait de votre message, vous pouvez en enregistrer un autre ou revenir au message par défaut en cliquant sur le bouton RAZ à droite.

Paramètres de la boîte vocale

Votre boîte vocale est maintenant prête à recevoir des messages.

Si vous êtes déconnecté du réseau, elle sera automatiquement activée et tous les appels qui vous sont destinés seront orientés vers elle.

Lorsque vous êtes connecté et que les appels entrants provoquent une sonnerie, le message d'accueil ne se déclenchera pas par défaut, même au bout de nombreuses sonneries. La seule façon d'orienter un appel vers la boîte vocale est alors de vous déconnecter du réseau.

Pour activer la boîte vocale en cas d'absence ou au bout d'un nombre limité de sonneries, vous devez préciser dans quelles circonstances le message d'accueil sera diffusé et la boîte vocale rendue disponible pour les messages de vos correspondants.

Pour cela, cliquez sur le menu Outils, Boîte vocale et cochez l'option Envoyer les appels en absence sur la boîte vocale Skype (voir Figure 7.14).

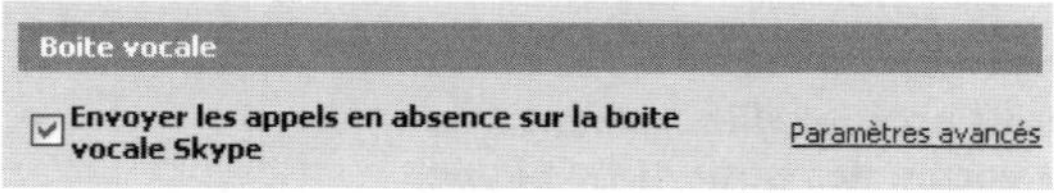

Figure 7.14 : Pour activer la boîte vocale en cas d'absence.

Pour préciser les conditions de déclenchement du message d'accueil, cliquez sur le lien Paramètres avancés (voir Figure 7.15).

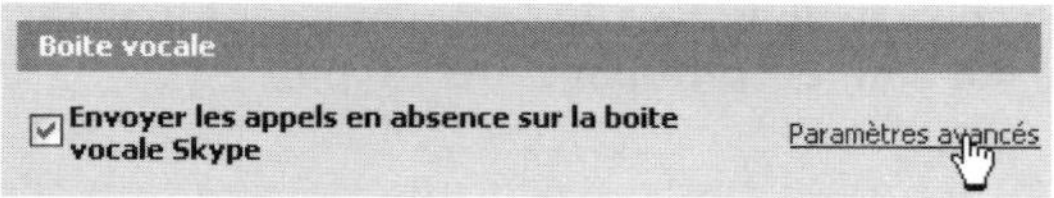

Figure 7.15 : L'accès aux réglages de la boîte vocale.

Par défaut, les appels sont envoyés sur la boîte vocale en cas de non-réponse dans les 15 secondes et lorsque vous rejetez l'appel. Vous pouvez modifier le délai de déclenchement et les autres conditions de basculement vers la boîte vocale (voir Figure 7.16).

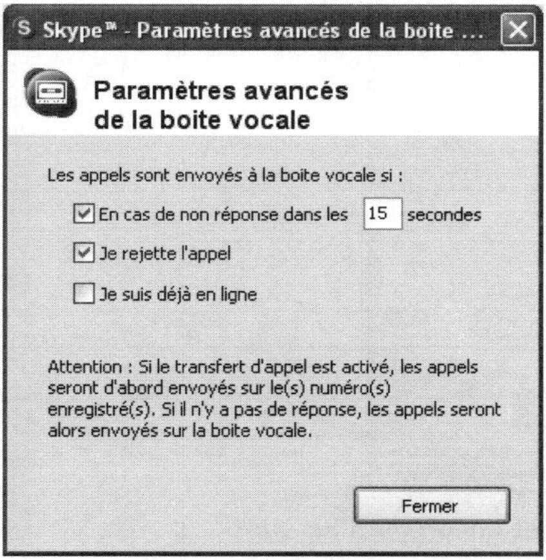
Skype™ - Paramètres avancés de la boite ...
Paramètres avancés
de la boite vocale
Les appels sont envoyés à la boite vocale si :
En cas de non réponse dans les 15 secondes
Je rejette l'appel
Je suis déjà en ligne
Attention : Si le transfert d'appel est activé, les appels seront d'abord envoyés sur le(s) numéro(s) enregistré(s). Si il n'y a pas de réponse, les appels seront alors envoyés sur la boite vocale.
Fermer

Figure 7.16 : Vous pouvez ici refuser les appels multiples en basculant systématiquement vers la boîte vocale les appels entrants si vous êtes déjà en ligne.

Ecouter vos messages

Lorsque vous vous reconnectez, un message pop-up vous alerte si des messages ont été déposés sur votre boîte vocale durant votre absence. Vous retrouvez également une trace de ces messages en cliquant sur le bouton Nouveaux événements.

Les messages vocaux sont précédés d'un petit graphisme (K7). Cliquez sur les noms des contacts qui vous ont laissé des messages vocaux pour en afficher la liste dans la partie supérieure de la fenêtre. Vous pouvez alors examiner l'historique de ces messages et écouter chacun d'eux en cliquant sur le bouton vert (voir Figure 7.17).

Figure 7.17 : Les messages encore non lus sont marqués d'une petite étoile blanche sur fond rouge.

Vous pouvez également retrouver les messages vocaux en cliquant sur l'onglet Historique puis sur la petite icône K7 en haut et à droite. Les nouveaux messages ressortent tout en haut de la liste (voir Figure 7.18).

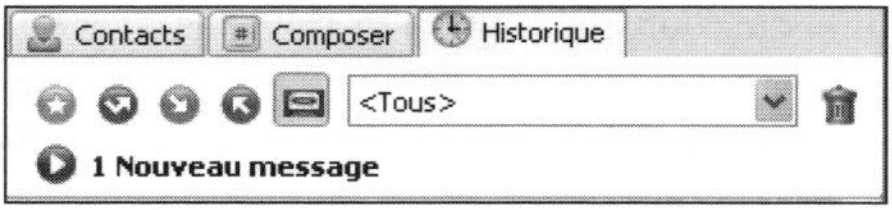

Figure 7.18 : Les derniers messages sont ici.

Le système de boîte vocale de Skype fonctionne à tout moment, que vous soyez connecté ou non, ordinateur allumé ou éteint. Les messages sont donc enregistrés non pas sur votre ordinateur mais sur le réseau des serveurs Skype.

Les messages de votre boîte vocale sont conservés pendant 60 jours. Si vous ne les écoutez pas avant la fin de cette période, ils sont détruits.

Dès que vous demandez à écouter un message, celui-ci est transféré vers votre ordinateur et il est effacé du serveur. Inconvénient : vous ne pourrez plus le réécouter depuis un autre ordinateur sur lequel vous utilisez Skype avec le même pseudo. Il ne sera accessible que sur l'ordinateur *via* lequel vous l'avez écouté la première fois.

Lorsque vous disposez d'une boîte vocale, votre fiche de contact, ornée d'une icône K7, apparaît chez vos correspondants. Que vous soyez connecté ou non, vos amis et correspondants n'ont qu'à cliquer dessus pour entrer directement en communication avec votre boîte vocale et vous laisser un message (voir Figure 7.19).

Avec Skype, l'utilisation de la boîte vocale n'a jamais été aussi simple. Il suffit d'un simple clic !

Figure 7.19 : Vous pouvez laisser directement un message à vos contacts Skype qui possèdent une boîte vocale.

Installer un répondeur avec SAM (*Skype Answering Machine*)

Il existe un petit programme indépendant qui vient se greffer sur Skype pour assurer la fonction de répondeur. Contrairement à la solution de boîte vocale officielle de Skype, ce logiciel appelé SAM (pour *Skype Answering Machine*) s'installe sur l'ordinateur d'accueil de Skype et ne fonctionne donc que lorsque ce PC est allumé. Vous ne pouvez pas non plus consulter vos messages à partir d'un autre PC. SAM n'est vraiment qu'un répondeur à l'ancienne (mais il assure parfaitement cette fonction), pas une boîte vocale stockée sur le réseau.

Développé par Alex Rosenbaum, l'un des premiers programmeurs à avoir exploité l'API de Skype pour lui ajouter des fonctions externes, SAM est édité par KishKish. Il est disponible en téléchargement gratuit à l'adresse http://www.kishkish.com.

L'interface est en français et, après installation, l'icône du programme se loge dans la zone de notification de la barre de tâches (en général située en bas à droite du Bureau Windows).

Pour vérifier les options du répondeur, cliquez du bouton droit sur l'icône de SAM dans la zone de notification Windows et sélectionnez la commande Options. Vous pouvez fixer ainsi les conditions de déclenchement du répondeur en cas de non-décrochage ou d'absence (voir Figure 7.20).

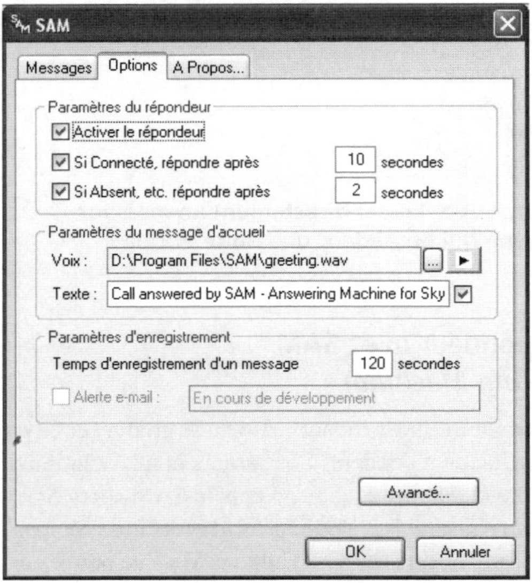

Figure 7.20 : Les messages d'accueil sont de simples fichiers WAV.

Les options avancées permettent, entre autres fonctions intéressantes, de délivrer un message d'accueil spécifique aux correspondants qui ne figurent pas dans la liste des contacts (voir Figure 7.21).

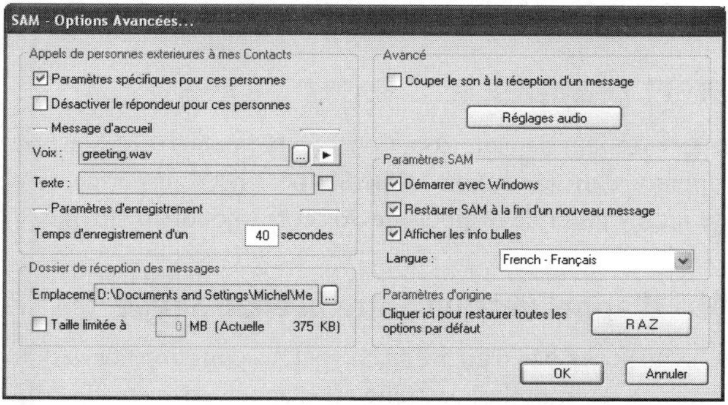

Figure 7.21 : Vous pouvez limiter la durée des messages des correspondants que vous ne connaissez pas.

La lecture des messages s'effectue simplement par un double-clic sur les entrées de la liste des messages (voir Figure 7.22).

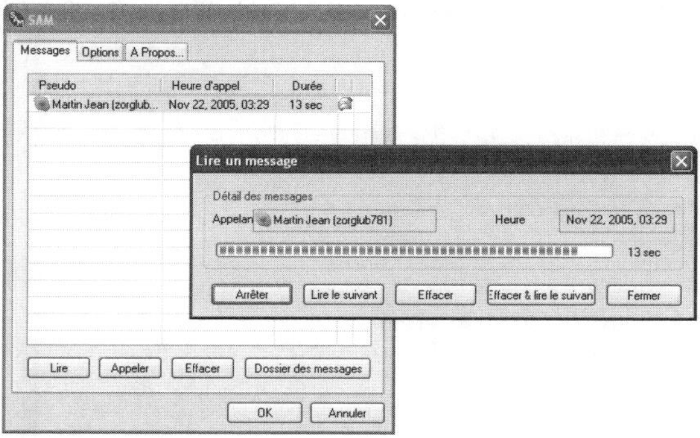

Figure 7.22 : L'accès aux messages enregistrés.

KishKish édite également KishKish Book (gestion des groupes de contacts Skype) et KishKish Mobile, une solution ingénieuse pour transférer les appels Skype entrants sur un ordinateur sous Windows vers un téléphone mobile.

Transfert d'appel

Le transfert d'appel est une fonction complémentaire de la boîte vocale apparue dans la version 1.4 de Skype. Elle vous permettra de perdre le moins possible d'appels de vos correspondants Skype.

Transfert d'appel vers un autre pseudo Skype

Si vous ne disposez pas d'un crédit SkypeOut pour appeler vers les lignes fixes et les mobiles, le transfert d'appel est possible, mais seulement vers d'autres pseudos Skype. Ils recevront vos appels entrants à votre place. Cette fonction peut être pratique si vous utilisez des pseudos Skype différents selon que vous êtes à votre domicile ou sur votre lieu de travail.

Pour activer le transfert d'appel, ouvrez le menu Outils, Options, rubrique Transfert d'appel & boîte vocale. Cochez l'option Transférer mes appels en mon absence et indiquez le pseudo Skype qui va recevoir vos appels (voir Figure 7.23).

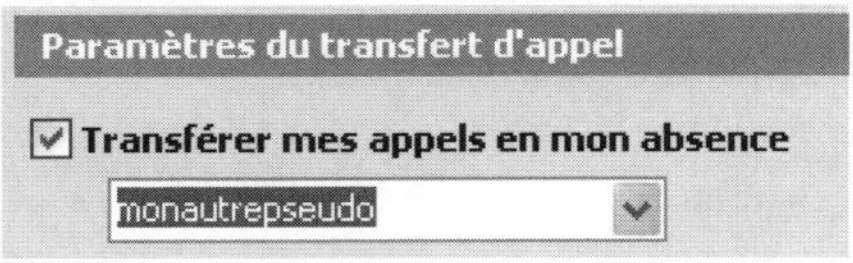

Figure 7.23 : Activation du transfert d'appel vers un autre pseudo Skype.

Pour que le transfert d'appel soit pris en compte, vous devez enregistrer ce réglage (clic sur le bouton Enregistrer en bas de fenêtre) avant de quitter la boîte de dialogue Options.

En ouvrant les Paramètres avancés, vous pouvez ajouter deux autres pseudos de transfert, au cas où le premier ne serait pas disponible. Vous pouvez ainsi, dans le cadre d'une association ou d'une petite entreprise, vous assurer qu'aucun appel Skype entrant n'est perdu (voir Figure 7.24).

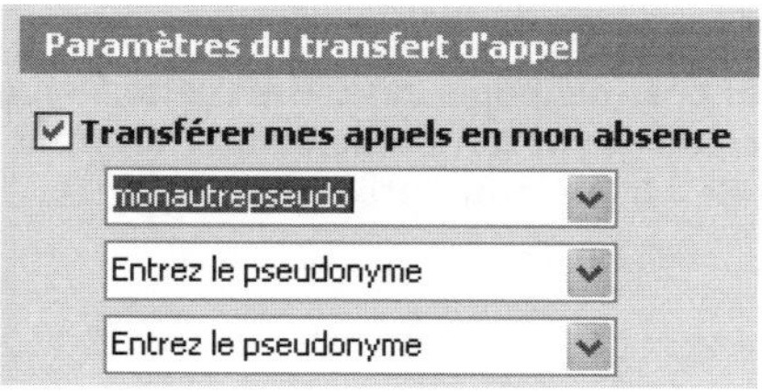

Figure 7.24 : Transfert d'appel multiple. Aucun appel ne sera perdu !

Transfert d'appel vers une ligne fixe ou de mobile

Pour un utilisateur de Skype disposant d'un crédit SkypeOut afin d'appeler vers des lignes fixes ou des mobiles, le transfert d'appel s'effectue vers celles-ci. Ses correspondants Skype seront dirigés vers un ou plusieurs numéros de lignes fixes et le coût de ce transfert sera, bien sûr, débité sur son crédit SkypeOut.

Pour activer le transfert :

1. Ouvrez le menu Outils, Options, rubrique Transfert d'appels & Boîte vocale.
2. Cochez l'option Transférer mes appels en mon absence et indiquez le numéro de ligne fixe qui va recevoir tous vos appels Skype (voir Figure 7.25).

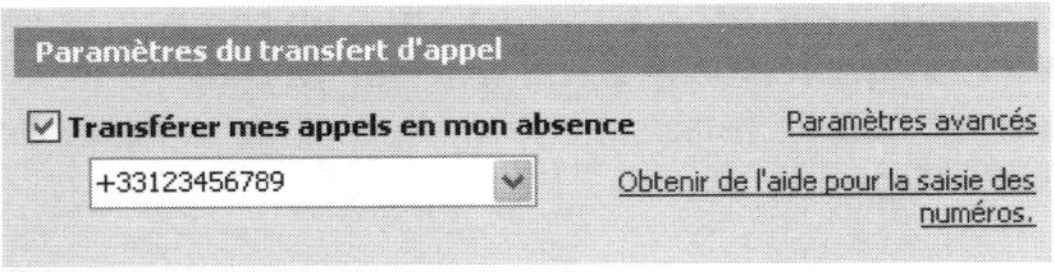

Figure 7.25 : Entrez le numéro en notation internationale.

3. En cliquant sur le lien Paramètres avancés, vous pouvez entrer deux autres numéros de téléphone. Dans ce cas, l'appel sera transféré à tous les numéros en même temps. Le premier qui décrochera établira la communication.

Il ne semble pas possible pour un utilisateur de Skype possédant un crédit SkypeOut de demander un transfert de ses appels vers un autre pseudo Skype.

Chapitre 8

Personnalisation, chat, conférence et transfert de fichiers

La téléphonie gratuite sur Internet, c'est bien. Mais la téléphonie plus la conférence à trois, à quatre, à cinq même, et en même temps les échanges de messages textuels et même de gros fichiers, c'est encore mieux, non ? Mais avant de communiquer tous azimuts, affinez votre profil avec un avatar original et réglez vos multiples sonneries.

Personnalisation de Skype

Comme avec un portable, vous avez la possibilité de personnaliser l'image attachée à votre profil Skype et les différents sons qui bruitent le logiciel durant son fonctionnement. Au-delà du petit choix de variantes intégrées dans le programme, Skype vous propose d'acheter des images et des sons dans sa galerie sur son portail Web.

Les options de personnalisation sont apparues avec la version 1.4 du logiciel. Elles n'étaient pas disponibles dans les éditions antérieures.

Changer d'avatar

Vous pouvez associer à votre compte Skype une image ou une photo. Cette image qui est appelée "avatar" est visible dans la page Contacts de vos correspondants à côté de votre nom. Si vous participez régulièrement à des discussions, cet avatar sera vite mémorisé par vos amis. Pour être bien repéré dans les "chat", il peut donc être important d'en choisir un qui se rapporte à votre caractère, votre attitude, votre amour de certains animaux ou encore à votre sport favori.

Choix standard d'avatars

Pour remplacer l'image qui est associée à votre nom :

1. Cliquez sur le menu Fichier puis sur la commande Mon profil (voir Figure 8.1).

Figure 8.1 : Vous pouvez changer l'image par défaut qui est associée à votre nom.

2. Dans la boîte Mon profil, cliquez sur le bouton Modifier (voir Figure 8.2).

Figure 8.2 : Pour trouver un nouvel avatar.

3. Quelques dizaines d'avatars sont proposés en standard par Skype. Choisissez l'un d'entre eux dans cette liste et cliquez sur Appliquer le changement (voir Figure 8.3).

Figure 8.3 : Pour changer votre avatar.

Le magasin d'avatars en ligne

Si le choix proposé ne vous convient pas, un clic sur Ajouter de nouvelles images (voir Figure 8.4) lance une recherche d'autres propositions, qui, elles, sont payantes, sur le portail Web de Skype (voir Figure 8.5).

Figure 8.4 : Cliquez sur ce bouton pour élargir la recherche à la galerie proposée en ligne par Skype.

Figure 8.5 : Le hit-parade du moment des images les plus achetées.

Les images sont classées par catégories. Cliquez sur l'une d'entre elles (voir Figure 8.6) puis cliquez sur les liens Voir pour les prévisualiser avant l'achat (voir Figure 8.7).

Figure 8.6 : Chaque catégorie contient des dizaines de propositions.

Figure 8.7 : Vous pouvez agrandir l'image en cliquant sur Voir.

Achat d'un avatar

Si l'image vous convient, vous pouvez l'acheter en ligne (voir Figure 8.8).

Si vous disposez d'un crédit Skype (pour les appels SkypeOut), l'achat d'image peut être imputé dessus (voir Figure 8.9).

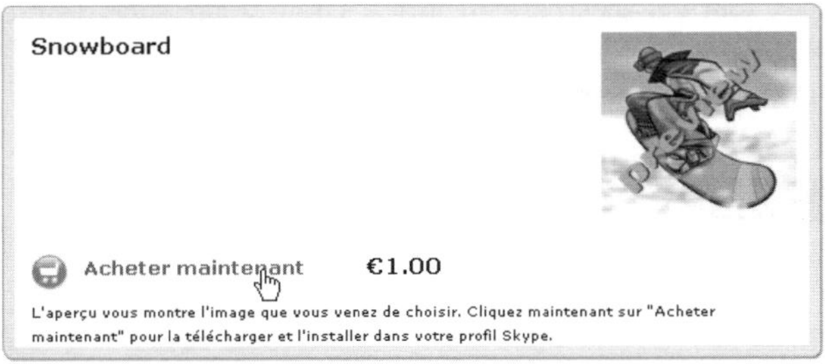
Snowboard
Acheter maintenant €1.00
L'aperçu vous montre l'image que vous venez de choisir. Cliquez maintenant sur "Acheter maintenant" pour la télécharger et l'installer dans votre profil Skype.

Figure 8.8 : L'interface d'achat est la même que pour les SkypeIn, SkypeOut et les autres options payantes et produits du magasin Skype en ligne.

Confirmer l'achat
Vous êtes sur le point d'acheter un produit avec vos crédits Skype.
Veuillez confirmer votre achat
Snowboard
Achat effectué auprès de Personalise Skype, powered by QPass.
€ 1.00
Solde actuel des crédits Skype
€ 9.69
Solde des crédits Skype après achat
€ 8.69
J'accepte les Termes et conditions générales de Personalise Skype, powered by QPass.
Confirmer l'achat
Annuler l'achat
Le prix total de votre achat est de € 1.15 TVA comprise au taux luxembourgeois de 15%, si applicable, que vous avez déjà payé lorsque vous avez acheté les Crédits Skype.

Figure 8.9 : Si vous possédez déjà un crédit Skype, la procédure d'achat est très rapide.

Téléchargement et enregistrement de l'avatar

Après avoir validé l'achat, il vous reste à lancer le téléchargement de l'image (voir Figure 8.10) et à cliquer sur Enregistrer (et non pas sur Ouvrir comme le recommande l'aide en ligne) lorsque la boîte de dialogue de téléchargement de fichier apparaît (voir Figure 8.11).

Qu'est-ce qui suit?
1 Cliquez ici pour télécharger votre image

Figure 8.10 : Pour lancer le transfert du fichier contenant l'image.

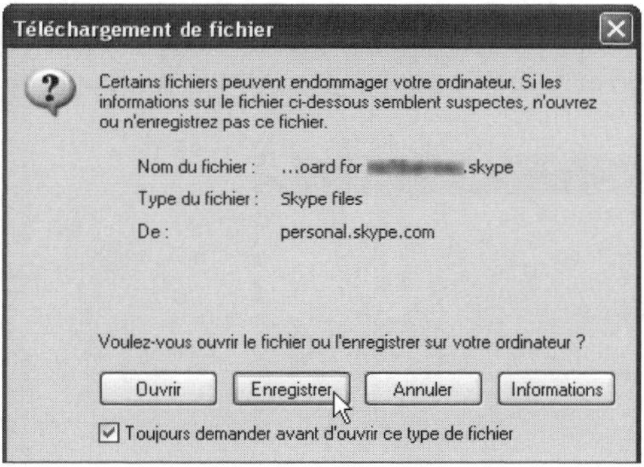
Téléchargement de fichier
Certains fichiers peuvent endommager votre ordinateur. Si les informations sur le fichier ci-dessous semblent suspectes, n'ouvrez ou n'enregistrez pas ce fichier.
Nom du fichier : ...oard for [redacted].skype
Type du fichier : Skype files
De : personal.skype.com
Voulez-vous ouvrir le fichier ou l'enregistrer sur votre ordinateur ?
Ouvrir
Enregistrer
Annuler
Informations
Toujours demander avant d'ouvrir ce type de fichier

Figure 8.11 : Cliquez sur Enregistrer plutôt que sur Ouvrir.

Vous devez ensuite désigner le lieu de stockage de l'image. Les images par défaut au format jpeg se trouvent dans le dossier Mes documents, sous-dossier My Skype Pictures. Les images achetées, enregistrées elles dans un format spécifique (extension .skype), sont normalement stockées dans le sous-dossier My Skype Content.

Modification du profil avec le nouvel avatar

Pour charger le nouvel avatar et l'associer à votre profil :

1. Retouvez le fichier à l'aide de l'Explorateur Windows et double-cliquez dessus (voir Figure 8.12).
2. Le double-clic ouvre automatiquement la fenêtre de modification de l'avatar attaché à votre profil Skype. Vous y retrouvez l'image achetée. Sélectionnez-la et cliquez sur le bouton Appliquer (voir Figure 8.13) pour modifier votre profil (voir Figure 8.14).

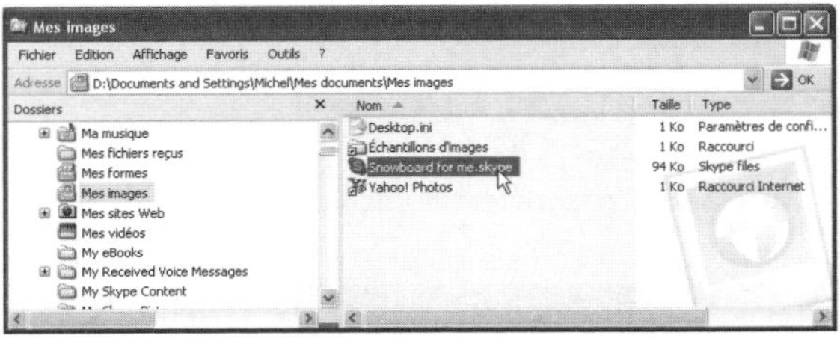

Figure 8.12 : Retrouvez votre nouvel avatar acheté en magasin.

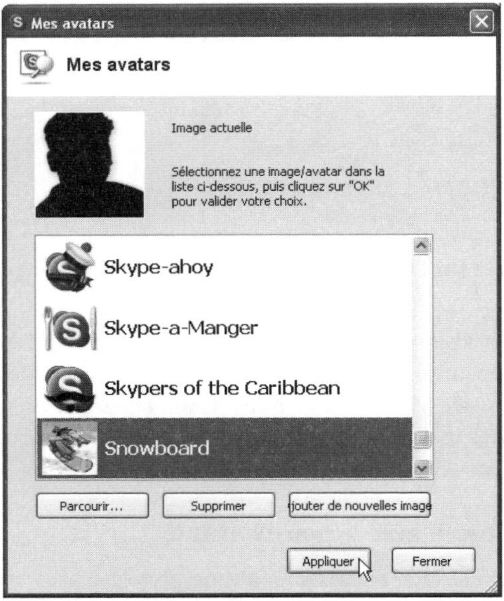

Figure 8.13 : Choix du nouvel avatar et chargement dans le profil.

3. Cliquez enfin sur le bouton Mettre à jour pour actualiser votre profil. C'est avec ce nouvel avatar que vous vous présenterez à vos contacts Skype.

Figure 8.14 : Le nouveau profil avec l'avatar choisi. Vous pouvez annuler en cliquant sur RAZ.

Au Chapitre 10, vous trouverez une méthode pour fabriquer vous-même votre avatar Skype à partir de l'une de vos photos numériques de vacances, par exemple.

Changer les sons de Skype

Le principe est à peu près le même que pour l'avatar. Sauf qu'il ne s'agit pas de modifier votre profil Skype mais le bruitage du logiciel.

Sons par défaut

Le programme distingue au total neuf sons différents, dont huit sont activés par défaut. Vous les retrouvez dans le menu Outils, Options, rubrique Sonneries (voir Figure 8.15).

A côté de chaque type de sonnerie figure le nom de la sonnerie qui a été choisie. Vous pouvez tester chacune des sonneries par défaut en cliquant sur le bouton vert. Pour les modifier, cliquez sur le bouton jaune-rouge du milieu. La liste Mes sons s'ouvre (voir Figure 8.16).

Le choix proposé par Skype est très limité. Contrairement aux avatars qui sont nombreux, seules neuf sonneries sont proposées, une par type d'événements. Et vous n'avez donc pratiquement pas de choix pour remplacer la sonnerie principale, "Sonnerie Skype", qui se révèle assez agaçante à la longue.

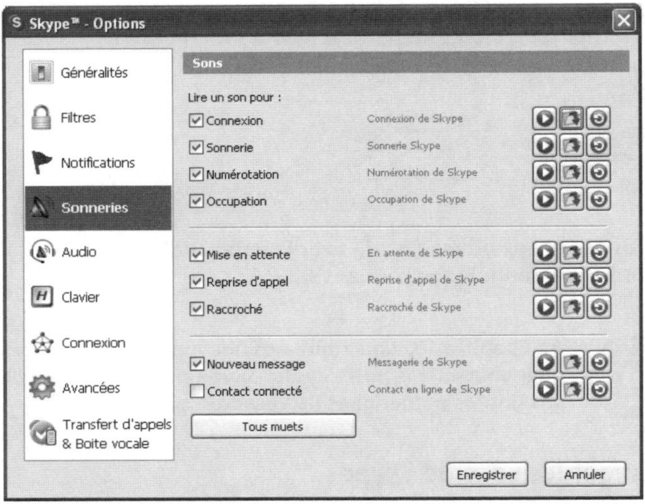

Figure 8.15 : Les sonneries de Skype.

**Figure 8.16 :
Le choix de sonneries.**

Vous pouvez parcourir très facilement les différents sons proposés à l'aide de la molette de votre souris si elle en possède une. Au fur et à mesure que vous déplacez la sélection, les sons s'exécutent à tour de rôle. Vous aurez ainsi un aperçu rapide de votre environnement sonore avec Skype.

Trouver d'autres sons WAV

Que faire ? Si vous possédez de petits fichiers WAV qui conviennent, recherchez-les sur votre disque dur en cliquant sur Parcourir. Par exemple, vous pouvez ajouter à la liste certains des sons Windows déjà présents sur votre PC. Ces sons WAV se trouvent dans le répertoire Windows, sous-répertoire Media. Un double-clic sur l'un de ces fichiers les ajoute à la liste Mes sons de Skype et élargit donc votre choix de sonneries.

Si vous possédez un logiciel de traitement du son, vous pouvez également transformer un extrait de fichier de musique MP3 en sonnerie WAV.

Acheter des sonneries

Une autre méthode, désormais courante dans le monde de la téléphonie personnelle, consiste à aller acheter de nouvelles sonneries pour étoffer la liste existante. Avec une difficulté tout de même : ce n'est pas une mais neuf sonneries qu'il vous faut pour entièrement personnaliser votre bruitage Skype.

L'achat de sonneries est la fonction du bouton Nouveaux sons. Cliquez dessus pour visiter la boutique de sonneries du portail Web de Skype (voir Figure 8.17).

L'écoute des sonneries est proposée bien entendu en ligne avant l'achat. Il suffit de cliquer sur le lien Listen pour ouvrir une fenêtre de lecture de la séquence sonore (voir Figure 8.18).

Most popular Sounds
Sitback, Relax & Enjoy
€1.00
Listen
Blues
€1.00
Listen
Hallelujah Chorus
€1.00
Listen

Figure 8.17 : Les sonneries les plus populaires du moment.

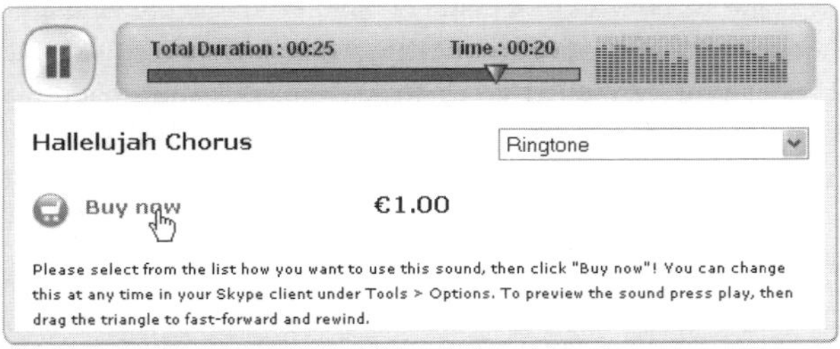
Total Duration : 00:25
Time : 00:20
Hallelujah Chorus
Ringtone
Buy now
€1.00
Please select from the list how you want to use this sound, then click "Buy now"! You can change this at any time in your Skype client under Tools > Options. To preview the sound press play, then drag the triangle to fast-forward and rewind.

Figure 8.18 : Vous pouvez déplacer le curseur pendant l'écoute à l'aide de la souris.

La boutique en ligne propose des centaines de sons classés par catégories : bruits de la nature, de la ville, voix, musiques, sons électroniques, etc. Beaucoup de choix pour la sonnerie principale, mais finalement assez peu pour les sons brefs requis pour la plupart des autres événements. Lorsque votre choix est fait, sélectionnez le type de sonnerie dans la liste à droite, puis cliquez sur Buy now (voir Figure 8.19).

Une traduction des termes serait la bienvenue dans la liste de droite. Heureusement, elle suit à peu près le même ordre que dans la rubrique Sonneries des options. La sonnerie principale correspond à Ringtone.

La procédure d'achat est la même que pour les avatars. Si vous possédez un crédit SkypeOut, elle est grandement accélérée (vous n'avez pas à saisir les informations de facturation et de carte de crédit).

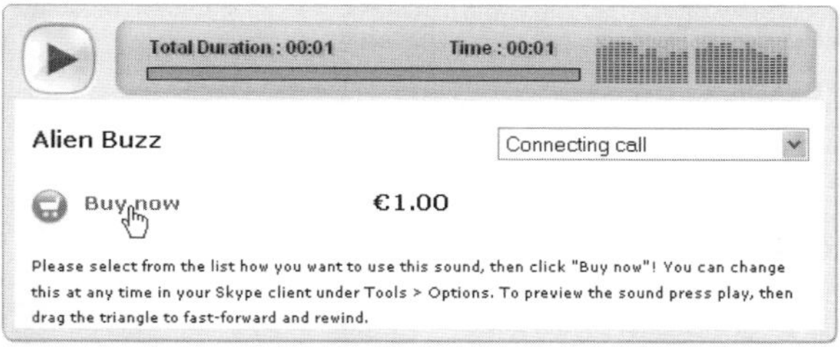
Total Duration : 00:01
Time : 00:01
Alien Buzz
Connecting call
Buy now
€1.00
Please select from the list how you want to use this sound, then click "Buy now"! You can change this at any time in your Skype client under Tools > Options. To preview the sound press play, then drag the triangle to fast-forward and rewind.

Figure 8.19 : Lancement de l'achat d'une sonnerie.

Télécharger et installer la sonnerie

Après validation de l'achat, vous êtes invité à cliquer sur le lien de téléchargement (download) puis sur le bouton Enregistrer de la boîte de dialogue de téléchargement (voir Figure 8.20).

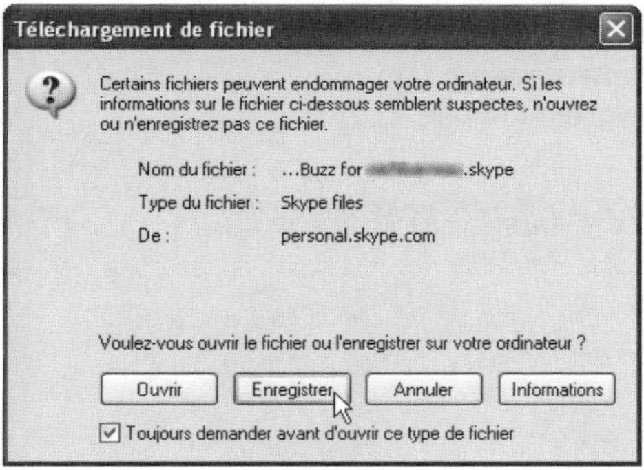
Téléchargement de fichier
Certains fichiers peuvent endommager votre ordinateur. Si les informations sur le fichier ci-dessous semblent suspectes, n'ouvrez ou n'enregistrez pas ce fichier.
Nom du fichier : ...Buzz for .skype
Type du fichier : Skype files
De : personal.skype.com
Voulez-vous ouvrir le fichier ou l'enregistrer sur votre ordinateur ?
Ouvrir
Enregistrer
Annuler
Informations
Toujours demander avant d'ouvrir ce type de fichier

Figure 8.20 : Cliquez sur Enregistrer plutôt que sur Ouvrir.

Vous devez alors désigner le répertoire de stockage de la sonnerie. Vous pouvez désigner le dossier Mes Documents, sous-dossier My Skype Content (le même que pour les images achetées). A l'issue du téléchargement, vous pouvez cliquer sur Ouvrir afin de l'intégrer dans la liste Mes sons. Cliquez sur Appliquer pour affecter la sonnerie à la fonction préalablement choisie (voir Figures 8.21 et 8.22).

Figure 8.21 : La nouvelle sonnerie fait désormais partie de votre panoplie.

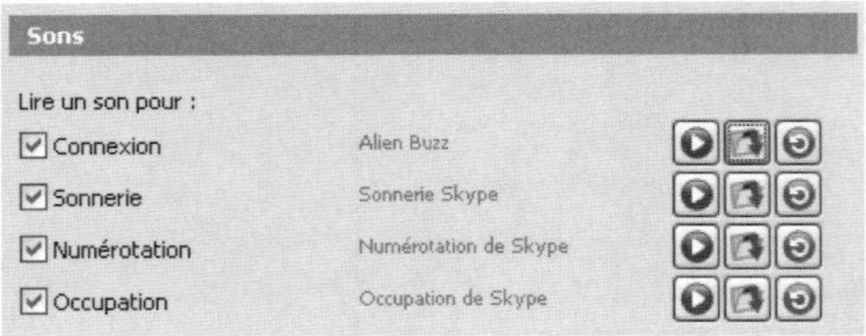

Figure 8.22 : Le changement est répercuté dans les options de sonneries.

Conférence téléphonique à trois, quatre, cinq...

Par rapport à d'autres outils de Voix sur IP, Skype est particulièrement performant et adapté à la conférence téléphonique. Skype indique que le logiciel peut désormais gérer jusqu'à cinq participants : l'hôte de la conférence plus quatre invités. Nous ne vous recommanderons pas d'aller jusque-là régulièrement mais vous constaterez qu'à trois ou quatre, la conférence est tout à fait praticable. La qualité audio de Skype apporte beaucoup au confort des discussions à plusieurs. Car qui dit qualité dit reconnaissance facile de la voix des différents participants. Les échanges sont donc beaucoup plus efficaces.

Démarrer une conférence

Comment initier avec Skype une conférence téléphonique ? C'est vraiment très simple, beaucoup plus qu'avec un téléphone classique. A condition que les participants conviés à la conférence figurent déjà dans votre liste de contacts.

1. Cliquez sur le bouton Conférence en haut de la fenêtre (équivalent à Outils, Créer une conférence téléphonique).

   S'affiche alors une fenêtre Créer une conférence dans laquelle vous retrouvez la liste de vos contacts avec leur statut actuel.

2. Sélectionnez les participants à la conférence en cliquant sur leur nom tout en appuyant sur la touche Ctrl pour la sélection multiple.

3. Lorsque la liste est prête, cliquez sur le bouton Ajouter (voir Figure 8.23).

4. Vous pouvez préciser un sujet pour la conférence en l'inscrivant en haut de la fenêtre. Puis cliquez sur le bouton Démarrer pour appeler les participants (voir Figure 8.24).

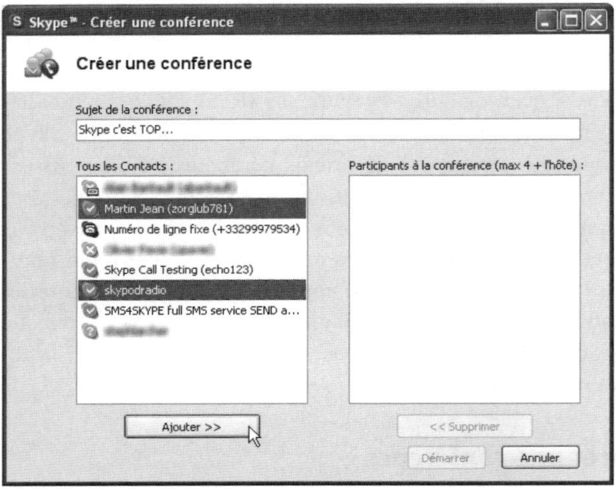

Figure 8.23 : Sélection des participants.

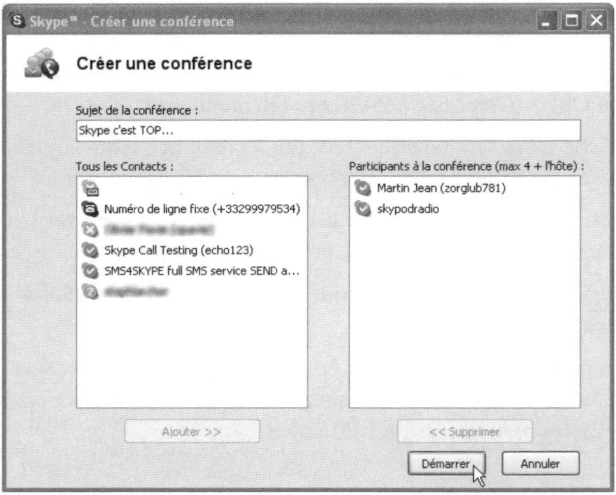

Figure 8.24 : Appel des participants.

Autre façon, moins directe, de convoquer une conférence express : sélectionner directement les participants dans la liste des contacts en appuyant sur la touche Ctrl et en cliquant du bouton droit sur la commande Inviter à une conférence.

Les contacts invités à la conférence décrochent et les avatars des participants apparaissent dans une fenêtre Conférence chez chacun d'eux. L'utilisateur ayant initié la conférence est désigné comme le dirigeant de la conférence (voir Figure 8.25).

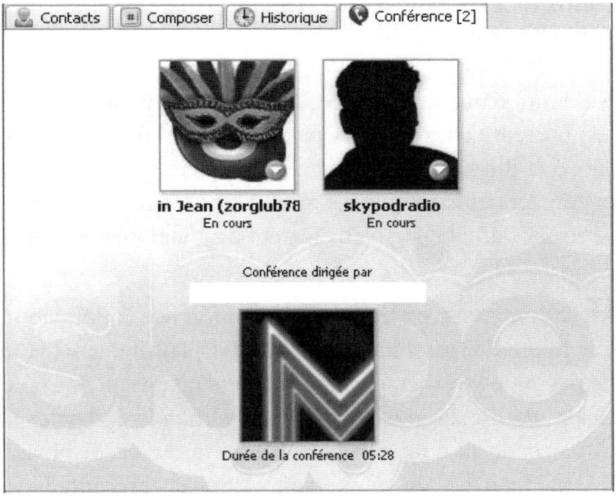

Figure 8.25 : Les invités ont décroché, la conférence téléphonique peut commencer.

Inviter d'autres participants

En cours de conférence, vous pouvez afficher votre liste de contacts et inviter un autre participant à se joindre à vous (clic du bouton droit sur le contact et commande Inviter à la conférence). A tout moment, grâce à la fenêtre Conférence et aux informations de statut, tout le monde sait qui participe effectivement à la réunion et qui écoute la conversation même si tout le monde n'intervient pas vocalement. C'est une différence importante par rapport aux conférences téléphoniques classiques durant lesquelles seul l'organisateur sait qui est en ligne.

De la même manière, vous pouvez très bien inviter une troisième personne et, donc, lancer une conférence à trois durant une conversation classique à deux. Ou alors, si un appel arrive durant une première conversation, accepter celui-ci (avec la commande Inviter à la conférence) et, de ce fait, créer très simplement une conférence à trois impromptue.

A noter qu'au cours d'une conférence, la fonction d'invitation à la conférence est présente chez tous les participants. Mais seul l'hôte, celui qui a lancé et dirige la conférence, peut effectivement inviter de nouveaux contacts en cours de réunion. Chez les autres invités, un message d'erreur s'affiche lorsqu'ils tentent d'ajouter une personne au débat.

La conférence téléphonique est avec la visioconférence l'application qui consomme le plus de ressources système (sur l'ordinateur) et le plus de bande passante Internet, particulièrement au niveau de l'hôte de la conférence. Pour cette raison, il est recommandé de lancer la conférence à partir de la configuration la plus musclée disposant d'une connexion Internet du plus haut débit et présentant la meilleure stabilité.

Si vous possédez un crédit SkypeOut, vous pouvez bien sûr inviter à la conférence des correspondants utilisant une ligne fixe ou de mobile. Ils participeront à la conférence vocale avec tous les contacts Skype. Skype est ainsi un outil de conférence quasi universel.

Messagerie et "chat"

La messagerie instantanée n'est pas la fonction la plus originale de Skype. Cela fait longtemps que le domaine a été exploré par ICQ, AIM ou MSN. Et Skype n'apporte pas grand-chose au "chat" *via* Internet. Avec la banalisation des connexions permanentes, l'outil devient quotidien, y compris dans un contexte professionnel, pour ceux qui restent devant un écran d'ordinateur une bonne partie de la journée.

Skype a prévu de présenter, pour ceux qui le souhaitent, la fenêtre de discussion avec à peu près le même aspect que dans ICQ : menu Outils, Options, Avancées, Discussion "Style IRC".

Même s'il n'est pas innovant dans ce domaine, Skype exploite très bien la messagerie instantanée dans un environnement de communication complet. La connaissance à tout moment du "statut" des contacts permet de savoir s'il est opportun d'envoyer un message instantané, de lancer un appel vocal ou plutôt de laisser un message sur la boîte vocale.

Démarrer un "chat"

Pour envoyer un message, il suffit de sélectionner du bouton droit un contact dans sa liste et de cliquer sur Envoyer un message (voir Figure 8.26).

La rédaction du message s'effectue dans une fenêtre distincte. Le texte peut être ponctué d'émoticônes, des petites figurines exprimant en raccourci une humeur ou une émotion. L'envoi du message n'intervient que lorsque l'on clique sur le bouton Envoi ou que l'on tape sur la touche Retour/Entrée sur le clavier (voir Figure 8.27).

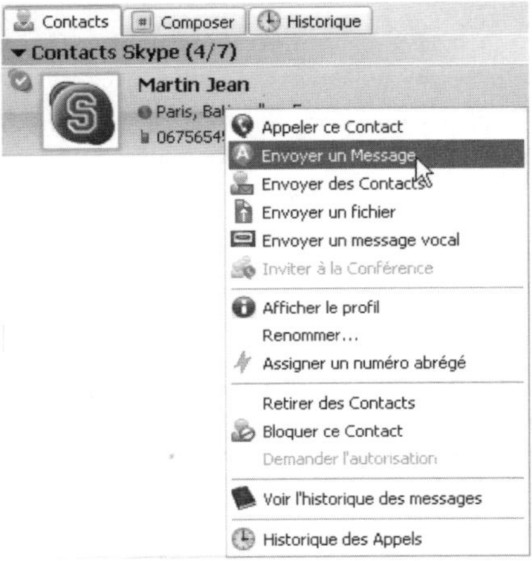

Figure 8.26 : Un simple bonjour ou le début d'une discussion. On ne sait jamais trop avec la messagerie instantanée.

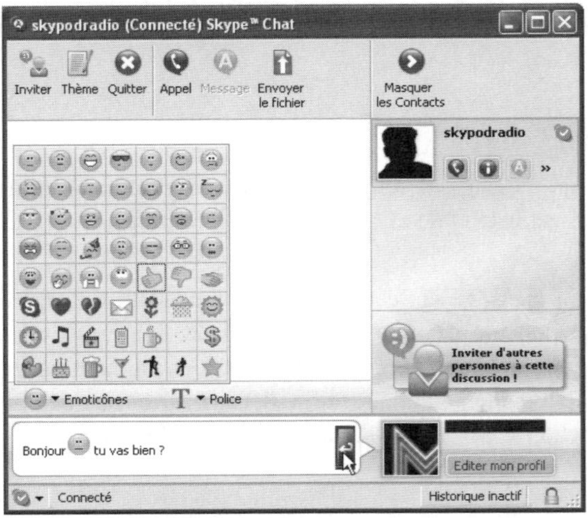

Figure 8.27 : Le statut du correspondant est rappelé en haut de la fenêtre de discussion.

Comment est reçu un message instantané par le destinataire ? Il entend d'abord la sonnerie choisie pour les nouveaux messages. Une fenêtre pop-up apparaît furtivement dans la zone de notification de Windows en bas de l'écran. Une fenêtre de "chat" est créée pour démarrer la discussion avec le contact qui l'a initiée.

Inviter d'autres contacts

En cours de discussion, comme pour la conférence vocale, il est facile d'inviter d'autres contacts à se joindre au "chat" en cliquant sur le graphisme à droite de la fenêtre (voir Figure 8.28).

Figure 8.28 : Lancement d'une invitation à "chatter".

Ceci ouvre la fenêtre Ajouter à la discussion où l'on retrouve la liste de ses contacts Skype. La sélection multiple est possible comme pour la conférence vocale. Vous pouvez aussi conduire en parallèle plusieurs discussions.

Par défaut, l'historique des conversations est sauvegardé. Vous pouvez vider cet historique dans Outils, Options, Filtres, Conservation de l'historique, Effacer l'historique. Le réglage en cours de cette option est rappelé en bas de la fenêtre de discussion.

La messagerie instantanée permet aussi de s'échanger des informations de type textuel durant une conversation vocale. Par exemple, un lien vers un site Internet à découvrir. Ou une adresse, un numéro de téléphone. Plus besoin de chercher un papier pour noter. Le "Post-It" arrive tout rédigé à votre bureau.

Mettre en attente

Une autre utilisation pratique de la messagerie instantanée avec le téléphone Internet est la mise en attente. Si vous menez une conversation vocale importante avec un premier contact Skype et qu'un appel entrant vous arrive, vous pouvez rejeter cet appel (voir Figure 8.29) et, immédiatement, transmettre à l'émetteur un message pour le faire patienter ou vous excuser de ne pas le prendre tout de suite. C'est quand même plus agréable que de laisser sonner dans le vide, de raccrocher ou d'orienter vers la boîte vocale.

Figure 8.29 : La messagerie instantanée peut vous aider à gérer vos appels vocaux.

Transfert d'un fichier à un contact

Le transfert de fichier est une fonctionnalité classique des outils de messagerie instantanée et de discussion en ligne. Skype offre différentes méthodes pour envoyer un fichier à un correspondant.

Envoyer un fichier à un seul contact

Première manière de procéder :

1. Faites un simple clic droit sur un nom de contact suivi de la commande Send file ou Envoyer un fichier (voir Figure 8.30).

Figure 8.30 : Envoi de fichier à un contact.

2. Quand le ou les fichiers à transférer sont sélectionnés, un message indique que l'envoi est en attente d'acceptation par le destinataire (voir Figure 8.31).

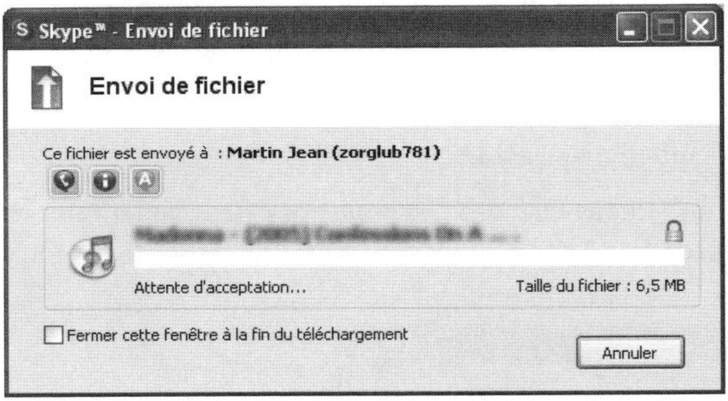

Figure 8.31 : L'attente d'acceptation par le destinataire.

3. Le destinataire voit apparaître un message de réception de fichier et il est invité à le sauvegarder sur son disque dur (voir Figure 8.32).

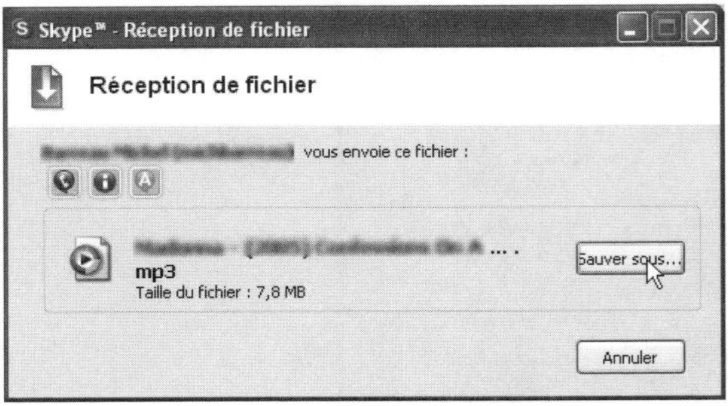

Figure 8.32 : Pour refuser le transfert, le destinataire doit cliquer sur Annuler.

4. Le destinataire doit encore confirmer l'activation du transfert de fichiers avant de désigner l'emplacement de stockage, ceci pour chaque fichier envoyé. Un message annonce la fin de l'opération aussi bien côté expéditeur que côté destinataire.

Si vous comptez envoyer tout un lot de fichiers à un destinataire, il est recommandé de les compresser préalablement à l'aide d'un logiciel comme WinRAR. Ils seront ainsi tous inclus dans un seul fichier le temps du transfert.

Deuxième méthode à peu près équivalente : sélectionnez un contact et cliquez sur Envoyer un fichier dans la barre de boutons (voir Figure 8.33). La suite de la procédure est identique.

Figure 8.33 : Appel de la fonction d'envoi de fichier sur la barre de boutons.

Envoyer un fichier à plusieurs contacts

Pour envoyer un même fichier à plusieurs contacts simultanément, il est parfois préférable d'ouvrir une discussion (chat) avec tous les contacts concernés et de cliquer dans la fenêtre de chat sur le bouton Envoyer un fichier. Le fichier choisi sera alors envoyé à tous les participants après accord de ces derniers (voir Figure 8.34).

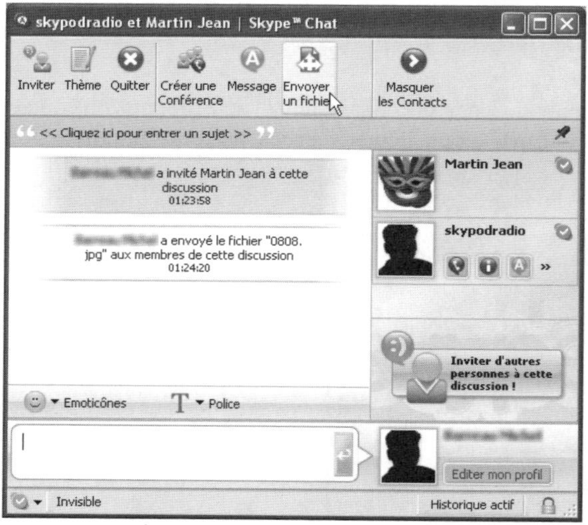

Figure 8.34 : Envoi de fichier au cours d'un "chat". Tous les participants sont destinataires.

La fonction d'envoi de fichiers avec Skype permet le transfert de fichiers beaucoup plus volumineux qu'en pièces jointes d'e-mail. Généralement, les serveurs de messagerie limitent la taille des pièces jointes à quelques mégaoctets. Une autre solution pour le transfert de fichiers est de faire transiter ceux-ci par un site FTP (*File Transfer Protocol*). Mais il faut dans ce cas utiliser un programme spécialisé et saisir un identifiant et un mot de passe pour pouvoir envoyer les données.

Chapitre 9

Skype et mobiles

Pour téléphoner à partir de Skype vers un téléphone mobile, où qu'il soit dans le monde, le plus simple est d'acheter un crédit SkypeOut (voir Chapitre 6). Mais comment profiter de Skype et de sa quasi-gratuité à partir de son téléphone portable ? Comment, depuis son mobile, entrer en contact avec ses amis Skype ? Start-up et opérateurs télécoms s'emploient à combler les vides qui restent dans l'offre produit de Skype. Quelques exemples de solutions pour connecter un portable à Skype ou pour communiquer entre Skype et portables par SMS.

Appeler (presque) gratuitement le monde entier à partir d'un portable

D'ici à ce que Skype ou ses concurrents supplantent la téléphonie fixe, on aura certainement trouvé des solutions pour appeler gratuitement des pseudos Skype depuis son téléphone mobile non Skype. Les communications de Skype avec les mobiles commencent à susciter beaucoup d'intérêt et les solutions se multiplient.

Signalons entre autres celles proposées par Epyx et IPdrum. Un peu "tordues" mais quand on aime vraiment Skype, on ne compte pas son temps… Il faut tout de même disposer de deux téléphones mobiles qui, grâce à des abonnements adéquats, peuvent communiquer entre eux de manière forfaitaire et illimitée. Au minimum, l'un des deux devra être en mesure d'appeler l'autre en illimité. Le téléphone portable pouvant être appelé en illimité devra être connecté en permanence à un ordinateur raccordé lui-même au réseau Skype.

La solution technique de connexion "portable vers Skype" de IPdrum (voir Figure 9.1) prend la forme d'un câble spécial et d'un logiciel à installer sur le PC (sous Windows XP impérativement pour l'instant). Petite réserve supplémentaire par rapport à l'universalité de la solution : tous les appareils mobiles ne sont pas compatibles avec les connecteurs des câbles proposés. Pour le produit de la société norvégienne IPdrum, seuls les modèles Nokia et Sony Ericsson sont supportés dans un premier temps. Les Motorola, Samsung et Siemens devraient suivre rapidement.

Côté PC, le connecteur se branche à la fois sur une prise USB et sur les prises de la carte son.

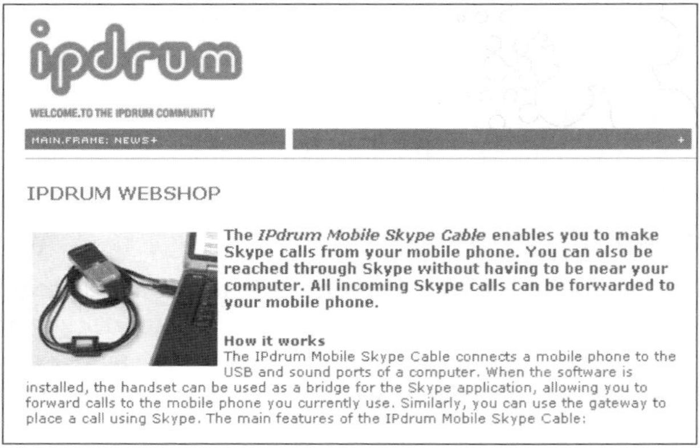
ipdrum
WELCOME.TO THE IPDRUM COMMUNITY
MAIN.FRAME: NEWS+
IPDRUM WEBSHOP
The IPdrum Mobile Skype Cable enables you to make Skype calls from your mobile phone. You can also be reached through Skype without having to be near your computer. All incoming Skype calls can be forwarded to your mobile phone.
How it works
The IPdrum Mobile Skype Cable connects a mobile phone to the USB and sound ports of a computer. When the software is installed, the handset can be used as a bridge for the Skype application, allowing you to forward calls to the mobile phone you currently use. Similarly, you can use the gateway to place a call using Skype. The main features of the IPdrum Mobile Skype Cable:

Figure 9.1 : Le câble est en vente sur le site de IPdrum : http://www.ipdrum.com.

Tout cela pourrait apparaître comme un infâme bricolage (l'achat du câble spécial revient quand même à une soixantaine d'euros). Mais ses avantages méritent votre attention :

- Les appels en VoIP sur votre pseudo Skype sont transférés vers votre téléphone portable gratuitement.
- Vous pouvez appeler gratuitement, à partir de votre mobile GSM, tous les utilisateurs Skype que vous connaissez.
- Grâce à la passerelle Skype et un crédit SkypeOut, vous pouvez aussi appeler à un prix parfois dérisoire toutes les lignes fixes et de mobiles dans le monde entier.

Qui dit mieux ? La solution concurrente de Epyx utilise à peu près le même procédé mais sans câble. La connexion se fait par Bluetooth entre le portable "passerelle" et l'ordinateur, tous les deux devant être bien entendu compatibles ou rendus compatibles Bluetooth. Tous les détails sont sur **http://www.epyxmobile.com** (voir Figure 9.2).

EpyxMobile
Make calls through your Skype account from your mobile! >>
EpyxMobile Pro
Receive calls through Skype account on your mobile! >>
EpyxMobile Net
Contact other EpyxMobile users from your mobile across country borders! >>
EpyxMobile allows you to call any Skype user
from your mobile phone!
epyx FREE
bluetooth connection

Figure 9.2 : Epyx met en œuvre la technologie sans fil Bluetooth pour la communication entre le portable et le PC équipé de Skype.

Envoyer et recevoir des SMS

L'envoi de messages courts de Skype vers tous les terminaux capables de les recevoir est possible mais payant en passant par un service indépendant de Skype. En revanche, l'inverse est plus difficile.

Envoyer un SMS avec Skype

Le message court SMS/Texto n'est pas la spécialité de Skype qui est basé sur la communication audio. Il n'en reste pas moins un outil intéressant pour communiquer des informations brèves à un ou plusieurs contacts (Skype ou autres) sur leur téléphone mobile : rappel de rendez-vous ou nécessité d'un rappel urgent. L'envoi et la réception de SMS/Texto n'est pas encore, dans la dernière version disponible à l'heure où nous écrivons ces lignes, disponible dans Skype. Mais des sociétés et des opérateurs indépendants proposent des services SMS pour Skype. Vous pouvez ainsi rédiger vos messages sur votre ordinateur dans l'interface de Skype et les envoyer en quelques clics à un ou plusieurs de vos contacts Skype.

Il existe de nombreuses solutions pour envoyer des SMS depuis un ordinateur (MSN, Yahoo!, Wengo...). Mais lorsque l'on est un utilisateur assidu de Skype, il est pratique d'utiliser cette interface plutôt qu'une autre pour le faire.

S'inscrire à un service SMS vers Skype

Entre autres passerelles "SMS vers Skype", la société suisse NETSMS propose un service SMS4SKYPE disponible dans 150 pays à un prix raisonnable. Vous devez d'abord créer un compte sur le site Web **www.netsms.ch** (vous devez utiliser votre nom Skype pour créer et utiliser ce compte) puis acheter un lot de jetons en ligne par carte Visa. La commande est confirmée par l'envoi d'un e-mail à l'adresse indiquée dans la fiche d'inscription.

Pour envoyer des messages SMS, il vous faut ensuite ajouter dans votre carnet d'adresses Skype le contact SMS4SKYPE (voir Figures 9.3 et 9.4).

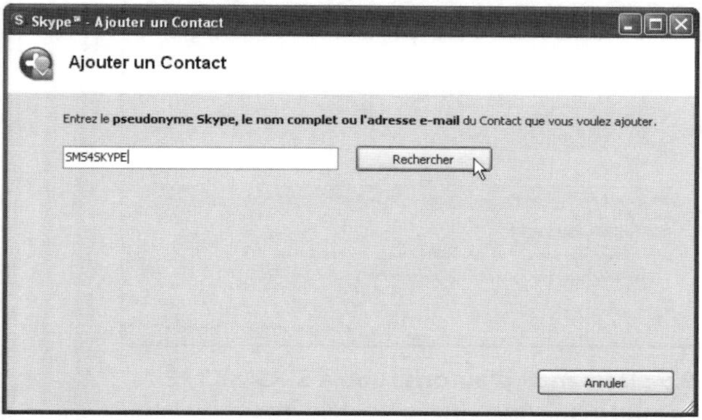

Figure 9.3 : Recherche du contact SMS4SKYPE.

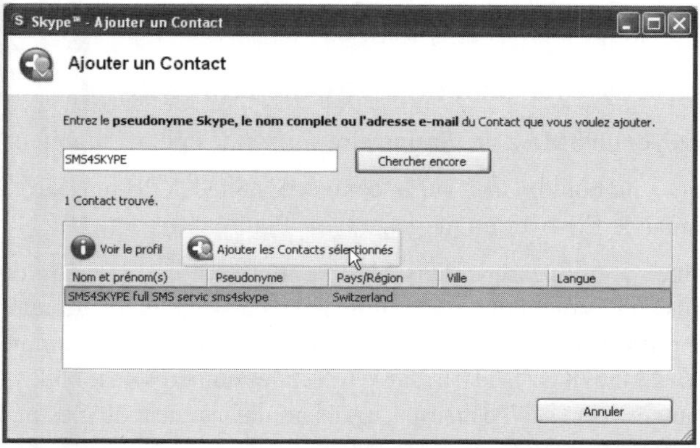

Figure 9.4 : Ajout de ce contact à votre liste.

Confirmez la demande d'autorisation pour en faire un contact permanent (voir Figure 9.5).

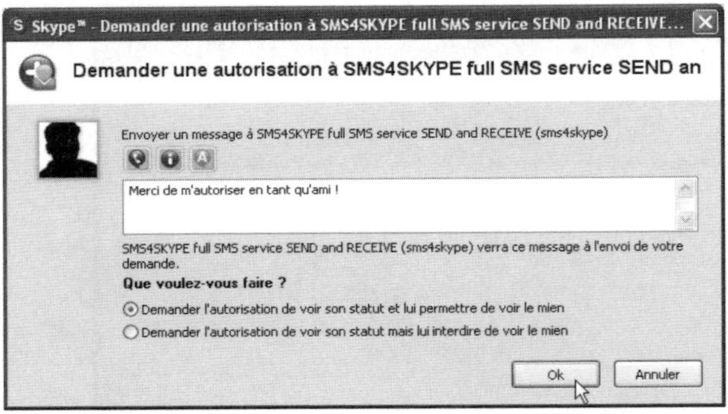
Skype™ - Demander une autorisation à SMS4SKYPE full SMS service SEND and RECEIVE...
Demander une autorisation à SMS4SKYPE full SMS service SEND an
Envoyer un message à SMS4SKYPE full SMS service SEND and RECEIVE (sms4skype)
Merci de m'autoriser en tant qu'ami !
SMS4SKYPE full SMS service SEND and RECEIVE (sms4skype) verra ce message à l'envoi de votre demande.
Que voulez-vous faire ?
Demander l'autorisation de voir son statut et lui permettre de voir le mien
Demander l'autorisation de voir son statut mais lui interdire de voir le mien
Ok
Annuler

Figure 9.5 : Demande d'autorisation à SMS4SKYPE. Elle est acquise puisque vous êtes déjà inscrit au service.

Le contact SMS4SKYPE est alors ajouté à la liste de vos contacts Skype.

Rédiger et envoyer un message Skype vers SMS

Pour envoyer un SMS à un destinataire sur son téléphone mobile :

1. Cliquez du bouton droit sur le contact SMS4SKYPE puis sur la commande Envoyer un message (voir Figure 9.6).
2. Rédigez votre message dans la zone inférieure de la fenêtre de discussion. Vous devez le commencer par le numéro de téléphone du destinataire, en écriture internationale, par exemple +33612345678 (sans le 0 avant le 6 pour les numéros de mobiles). Ce numéro sera suivi d'un espace puis immédiatement du message à envoyer. Les jetons sont débités par tranches de 160 caractères (1,75 jeton pour appeler un numéro rattaché à un opérateur français de téléphonie mobile).

Figure 9.6 : Pour écrire un SMS, il faut lancer une discussion avec SMS4SKYPE.

Chaque ligne de la fenêtre d'envoi de messages Skype contient environ 50 caractères. Vous avez donc intérêt à envoyer des messages de 3 lignes, guère plus, pour optimiser le nombre de vos envois.

3. Validez le message en cliquant sur l'icône Flèche (voir Figure 9.7).

Figure 9.7 : Rédaction du SMS.

4. Lorsque le message de confirmation d'envoi apparaît dans la partie supérieure de la fenêtre (voir Figure 9.8), le SMS est déjà arrivé chez le destinataire.

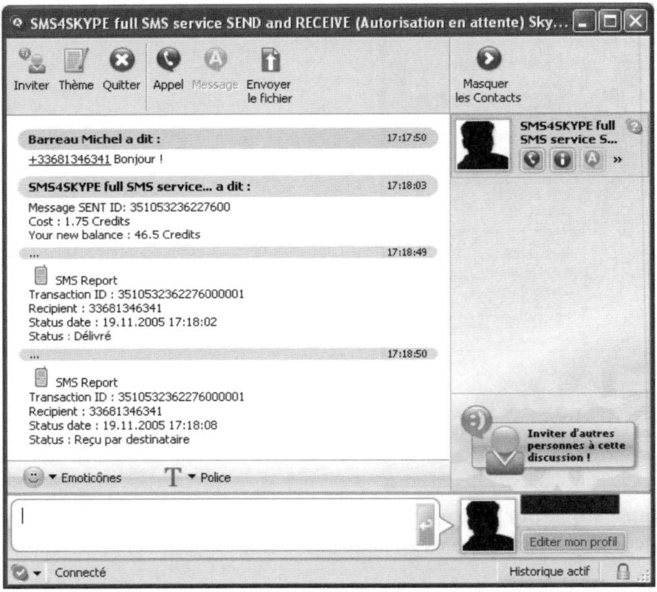

Figure 9.8 : Confirmation d'envoi et de réception du SMS.

Pour envoyer simultanément le même message à plusieurs utilisateurs, indiquez en en-tête leurs numéros de téléphone complets en format international, séparés par une virgule, sans espace.

Envoyer un SMS à un utilisateur Skype

Comment adresser un message court à un utilisateur Skype ? Si vous êtes devant votre ordinateur et que vous utilisiez Skype, il vous suffit de lui envoyer un message instantané. En revanche, si vous n'êtes pas devant votre ordinateur mais muni de votre téléphone mobile, et que vous deviez absolument joindre un contact dépourvu de mobile ou à l'étranger, alors il vous faut trouver une passerelle de communication.

Un opérateur anglais, Connectotel (**www.connectotel.com**), propose un tel service. Pas de compte à ouvrir ni de crédit à acheter, pas d'inscription nécessaire. L'envoi SMS est décompté sur votre propre forfait de téléphone mobile :

1. Sur le mobile, créez un contact que vous pouvez appeler "SMS vers Skype" auquel vous associez le numéro de la passerelle Connectotel +447747782320.
2. Rédigez un message commençant par "skype" suivi du pseudo du contact Skype à qui est destiné l'envoi puis du message proprement dit.
3. Quand la rédaction du SMS est terminée, vous envoyez le message sur l'entrée "SMS vers Skype" de votre répertoire qui correspond à la passerelle Connectotel.

Côté utilisateur Skype, pour recevoir un SMS, il est inutile d'ajouter un nouveau contact correspondant à la passerelle utilisée pour la transmission du message court. Le SMS arrive immédiatement au destinataire comme n'importe quel message instantané, dans la fenêtre de "chat" (voir Figure 9.9).

L'envoi de SMS vers Skype ne paraît pas *a priori* une fonction très intéressante. Les utilisateurs Skype sont en effet pour la plupart des sédentaires passant beaucoup d'heures chaque jour devant un écran d'ordinateur au domicile ou au bureau. Alors pourquoi ne pas plutôt leur adresser un e-mail ? Mais bientôt, l'usage de Skype va se développer sur les terminaux mobiles Pocket PC, les Smartphones, les mobiles Symbian ou les téléphones IP Wi-Fi pour lesquels la possibilité d'envoi de messages courts instantanés sur un petit écran sera certainement appréciée. Surtout si elle est gratuite ou très peu coûteuse.

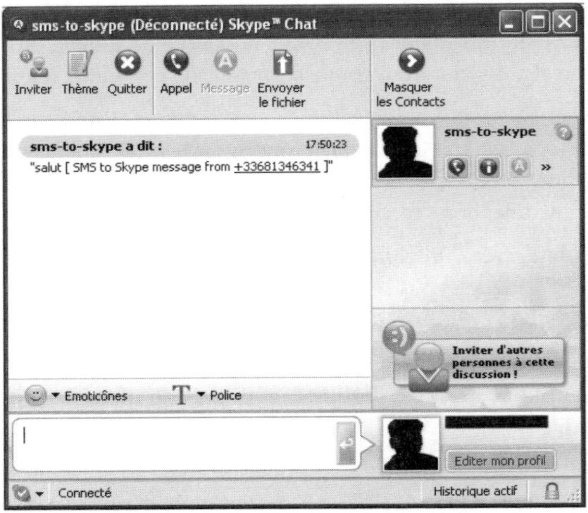

Figure 9.9 : Réception d'un SMS envoyé d'un téléphone mobile vers un utilisateur Skype.

Chapitre 10

Fonctions avancées

Parfait pour la téléphonie Internet, Skype fournit une bonne base pour partir à la conquête d'autres applications. Nous en explorons quelques-unes avant de donner quelques conseils pour la sauvegarde et la restauration des contacts et des achats sur le portail Web de Skype.

Enregistrer une conversation téléphonique

Beaucoup d'utilisateurs de Skype se posent la question – notamment sur les forums de discussion consacrés à la Voix sur IP – de savoir comment enregistrer facilement une conversation téléphonique avec Skype. Pour l'instant, il n'existe pas à notre connaissance de programme complémentaire spécialement développé pour Skype afin d'assurer cette fonction.

Certains ont expérimenté des solutions assez complexes mettant en jeu des sessions multiples Windows comme pour la radio Skype (lire "Créer votre radio Skype", plus loin dans ce chapitre) et des câbles audio virtuels avec notamment la solution VAC. D'autres préconisent l'emploi d'un deuxième ordinateur relié au premier par un câble joignant les deux cartes son (prise Line-In d'un côté, prise micro de l'autre). Une variante : ajouter une deuxième carte son dans l'ordinateur.

Après quelques tâtonnements, nous avons opté pour une solution simple, gratuite et finalement assez performante. Un peu plus sophistiquée quand même que l'utilisation du magnétophone Windows limité lui à une minute d'enregistrement…

La solution que nous préconisons repose sur le logiciel gratuit Audacity. C'est un logiciel libre avec une interface en français très pratique et, *a priori*, fiable.

Par courtoisie, vous devez toujours obtenir l'accord de vos correspondants avant de commencer un enregistrement de la conversation. Ce serait l'un des intérêts d'un programme intégré à Skype ou compatible avec son API. Il pourrait automatiquement demander, par message instantané, cet agrément aux contacts Skype participant à la discussion vocale ou à la conférence à trois ou plus. Vous n'auriez plus à intervenir vous-même que lors des appels SkypeOut pour demander de vive voix cette autorisation.

Installer Audacity

Pour télécharger Audacity :

1. Ouvrez dans votre navigateur Internet la page **http://audacity.sourceforge.net**.
2. Cliquez sur le lien Télécharger Audacity 1.2.3 (voir Figure 10.1).
3. Confirmez le téléchargement en cliquant sur le lien Installeur Audacity.

Dans cette même page du site de téléchargement du logiciel Audacity se trouve un lien pour récupérer un petit logiciel appelé Lame (voir Figure 10.2). Ce programme gratuit est nécessaire pour transformer vos enregistrements de conversations téléphoniques en fichiers MP3. Mais il est peut-être déjà installé sur votre ordinateur.

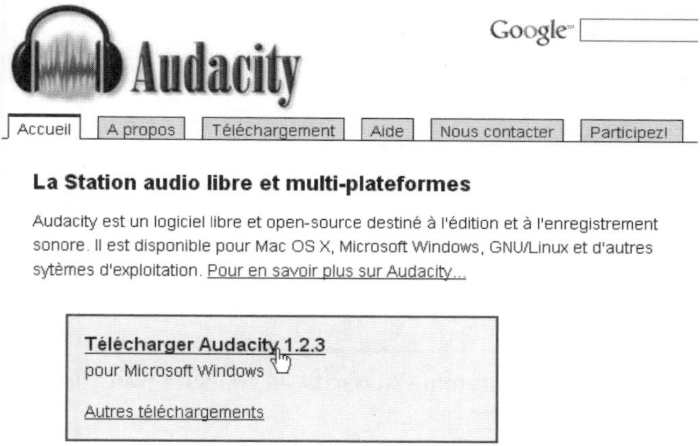

Audacity
Google
Accueil
A propos
Téléchargement
Aide
Nous contacter
Participez!
La Station audio libre et multi-plateformes
Audacity est un logiciel libre et open-source destiné à l'édition et à l'enregistrement sonore. Il est disponible pour Mac OS X, Microsoft Windows, GNU/Linux et d'autres sytèmes d'exploitation. Pour en savoir plus sur Audacity...
Télécharger Audacity 1.2.3
pour Microsoft Windows
Autres téléchargements
version locales pour Windows
Encodeur MP3 LAME - Permet à Audacity d'exporter des fichiers MP3.

Figure 10.1 : Lancement du téléchargement d'Audacity.

Figure 10.2 : Un encodeur MP3 pour limiter la taille des enregistrements et les rendre plus faciles à transférer d'un ordinateur à l'autre.

4. Après avoir cliqué sur l'installeur Audacity, il vous faut choisir un site de téléchargement. Ils sont tous équivalents (même fichier). Cliquez sur l'un des choix dans la colonne download.
5. La boîte de dialogue de téléchargement s'ouvre au bout de quelques secondes. Cliquez sur Ouvrir pour lancer le transfert des données (voir Figure 10.3).
6. Après le transfert, un assistant d'installation prend aussitôt le relais. Vous devez accepter l'accord de licence de type Open Source.

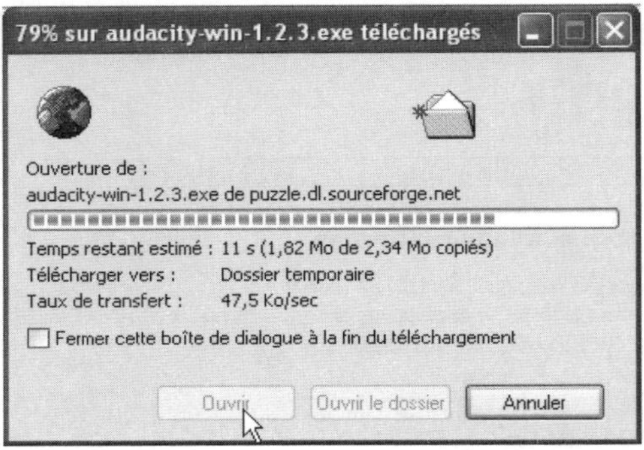

Figure 10.3 : Le programme Audacity en cours de transfert.

7. A l'issue de la procédure, après avoir cliqué sur Install et Finish, le logiciel Audacity est automatiquement lancé avec une interface en français.

Réglages d'Audacity

Pour commencer, nous allons vérifier les paramètres d'enregistrement.

1. Ouvrez le menu Fichier et cliquez sur la commande Préférences (voir Figure 10.4).
2. Le point important est le périphérique d'enregistrement. Il faut qu'il corresponde bien au branchement du micro utilisé pour Skype. Si votre micro est stéréo, choisissez également ce type d'entrée (voir Figure 10.5).
3. Vous pouvez également vérifier les options pour les formats de fichiers (voir Figure 10.6) et pour le répertoire temporaire d'enregistrement des conversations (voir Figure 10.7).

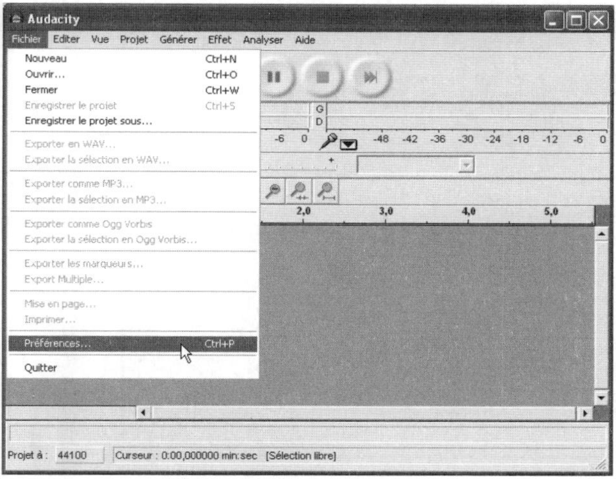

Figure 10.4 : L'accès aux options d'Audacity.

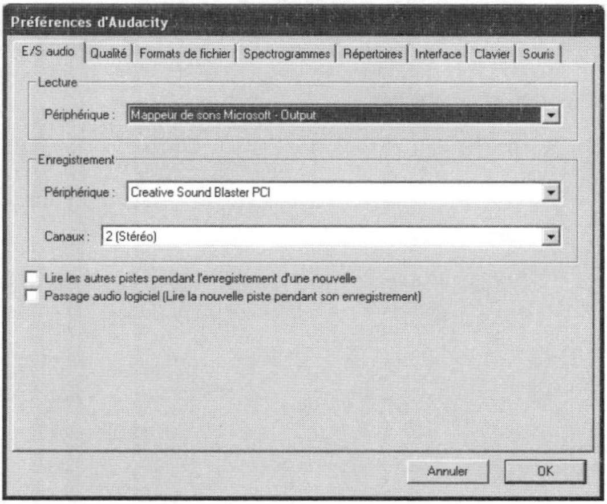

Figure 10.5 : Ici, Creative Sound Blaster PCI est la carte son sur laquelle le micro est branché.

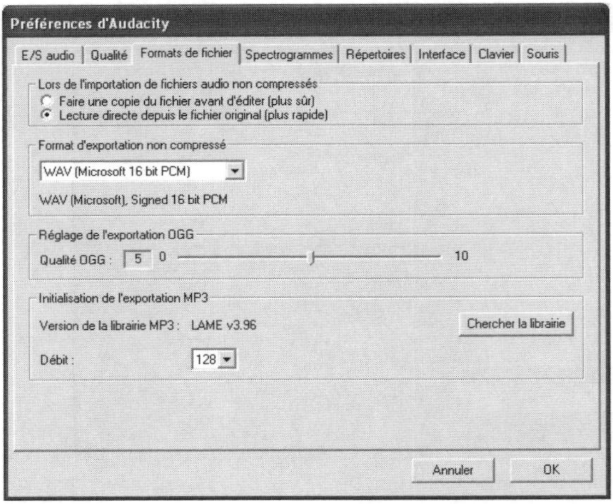

Figure 10.6 : L'exportation MP3 est bien supportée.

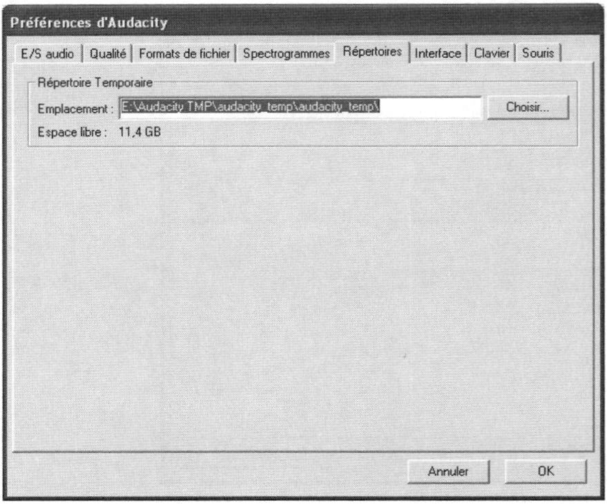

Figure 10.7 : Prévoyez de la place pour les enregistrements. Dans un premier temps, il s'effectue dans un format WAV non compressé qui consomme environ 10 Mo par minute.

Tester la fonction d'enregistrement

Vous pouvez maintenant tester l'enregistrement avec Audacity.

1. Lancez tout simplement Skype et appelez le contact Skype Call Testing (voir Figure 10.8).

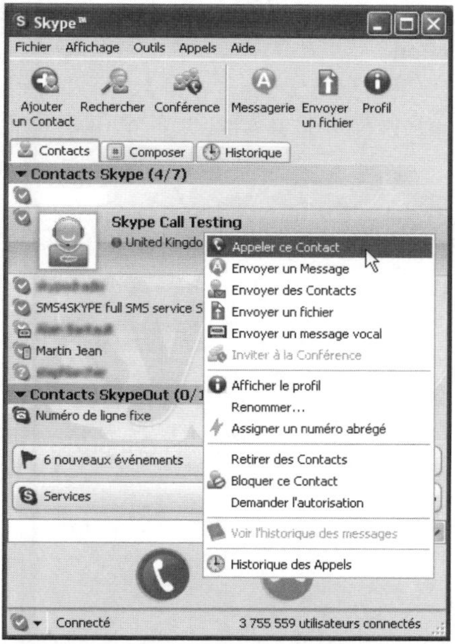

Figure 10.8 : Relancez le test de vérification en ligne de votre configuration audio Skype.

2. Appuyez sur la touche Enregistrement de Audacity (voir Figure 10.9).
3. Procédez au test d'appel Skype en enregistrant le message demandé par le robot Skype Call Testing. Continuez à parler pendant que votre message est rediffusé. Vous simulerez ainsi une conversation Skype.

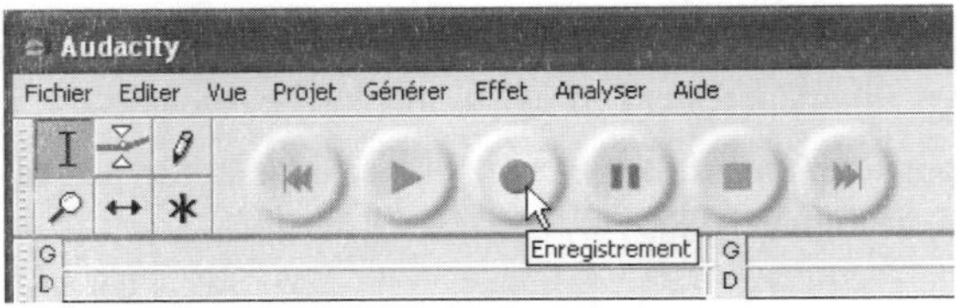

Figure 10.9 : Audacity s'utilise exactement comme un magnétophone.

4. A la fin du test, appuyez sur la touche Arrêt d'Audacity (voir Figure 10.10).

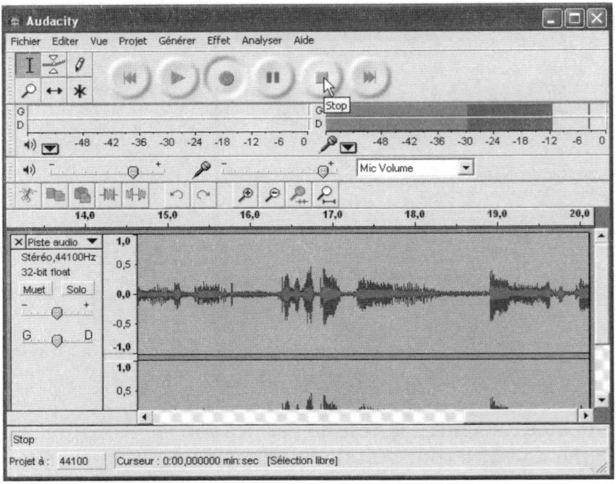

Figure 10.10 : Arrêt de l'enregistrement.

5. Placez Audacity en lecture pour réécouter l'enregistrement qui vient d'être réalisé (voir Figure 10.11).

Si l'essai n'est pas concluant, contrôlez votre configuration audio. Il peut être nécessaire de corriger le niveau d'entrée du micro.

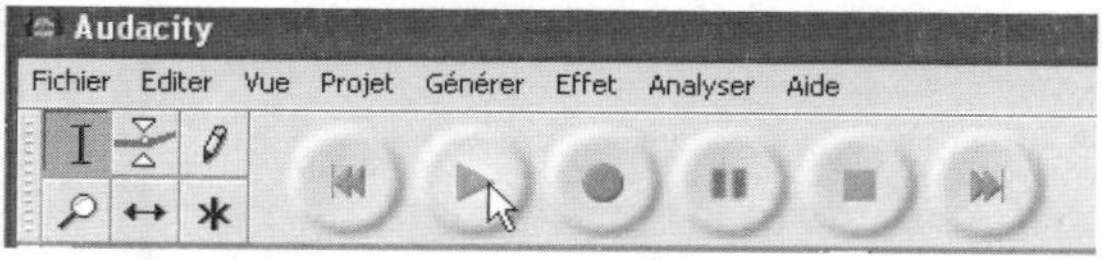

Figure 10.11 : Ecoute de l'enregistrement de la conversation Skype.

Mais, en principe, si le test Skype est correct (ce qui veut dire que l'entrée micro est bonne) et si les préférences d'Audacity sont réglées sur la même carte son que Skype, vous ne devriez pas rencontrer de problème.

Vous pouvez bien entendu placer l'enregistrement en pause en cours de conversation.

Exporter au format MP3

Pour sauvegarder l'enregistrement de la conversation au format compressé MP3 :

1. Ouvrez le menu Fichier et cliquez sur Exporter comme MP3 (voir Figure 10.12).
2. Sélectionnez un emplacement et un nom pour le stockage du fichier MP3 et validez. Après compression, le fichier MP3 ainsi créé sera lisible par n'importe quel lecteur multimédia comme Winamp, iTunes ou le Lecteur Windows Media. Vous pourrez ainsi archiver et retrouver très facilement vos conversations.

Skype + Audacity est un jumelage vraiment recommandé (en attendant mieux). Cet outil est une vraie merveille pour les auteurs et les journalistes de la presse écrite qui connaissent le stress du magnétophone à bout de batterie et la galère du dépouillement des interminables cassettes ou mini-disc contenant leurs précieuses interviews ! Il ne reste plus qu'à brancher un logiciel de reconnaissance vocale pour transformer les passages intéressants en textes.

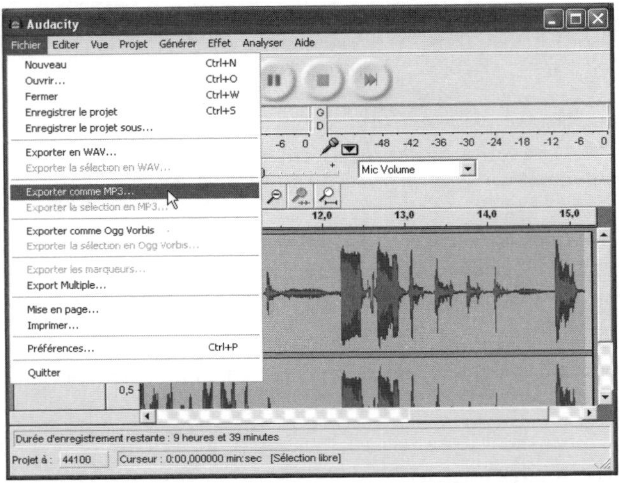

Figure 10.12 : En MP3, une minute de conversation n'occupera pas plus de 1 Mo avec les réglages usuels.

Créer votre radio Skype

Une idée farfelue, un peu gadget il faut le reconnaître, mais qui montre bien la puissance de Skype et la qualité de son développement.

Pourquoi une radio Skype

Il est des applications auxquelles on ne pensait pas *a priori* mais qui valent le coup d'essayer. D'un côté, le baladeur numérique iPod irrésistible par sa capacité, sa compacité, son élégance, son autonomie et sa facilité de mise à jour depuis le logiciel iTunes. De l'autre, Skype, le meilleur logiciel du moment pour entrer vocalement en communication de PC à PC *via* Internet. L'idée qui est née chez certains utilisateurs à la fois de l'iPod et de Skype est de combiner les deux technologies pour créer une radio amateur musicale sur Internet.

C'est l'iPod qui répond au téléphone et qui prend la parole au micro en diffusant en "live" sa liste de lecture.

La qualité est tout à fait acceptable même si elle est loin d'être parfaite. Mais il ne s'agit pas de fournir une qualité CD. Pas besoin de logiciels compliqués de retraitement de la musique numérique et de streaming. Avec l'iPod et Skype, vous avez tout ce qu'il vous faut. Juste prévoir une deuxième carte son si vous voulez continuer à téléphoner avec Skype tout en diffusant votre radio Internet.

Dans la section qui suit, nous nous mettons dans la situation d'un utilisateur possédant un PC sous Windows XP, équipé d'une fonctionnalité audio intégrée à la carte mère et d'une carte son supplémentaire de type PCI. Il bénéficie d'une connexion Internet permanente à haut débit. Son objectif : faire écouter à ses amis un échantillon de la musique qu'il aime et qu'il a stockée sur son iPod. Merci à Stuart Henshall, éditeur de *Skype Journal*, pour avoir partagé cette astuce sur son blog (henshall.com/blog).

Créer un "clone" Skype sur le même PC

Première étape : créer une deuxième occurrence de Skype sous Windows XP. Pas la peine pour cela d'installer une deuxième copie du programme Skype. Il suffit d'utiliser pour votre PC Windows XP un deuxième nom d'utilisateur (ou de créer un nouvel utilisateur s'il n'y en a encore qu'un seul). Vous allez lancer une deuxième copie de Skype dans votre session Windows au nom de ce deuxième utilisateur.

1. Cliquez sur Démarrer, Panneau de configuration et Comptes d'utilisateurs, puis sur Créer un nouveau compte (voir Figures 10.13 et 10.14).

2. Choisissez un nom pour le nouveau compte, puis accordez-lui un statut de compte d'administrateur de l'ordinateur (voir Figures 10.15 et 10.16).

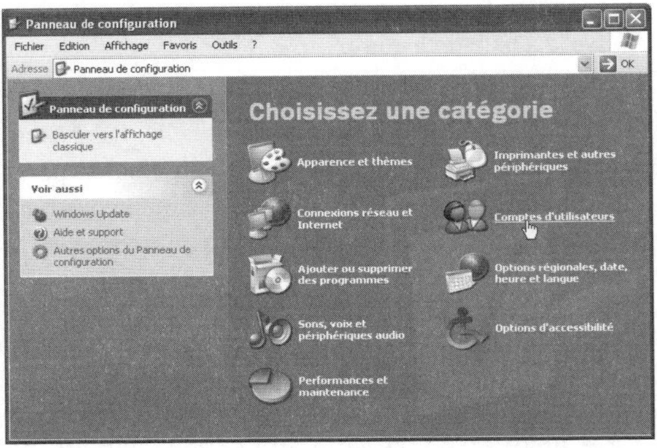

Figure 10.13 : Dans le Panneau de configuration, ouvrez le module Comptes d'utilisateurs.

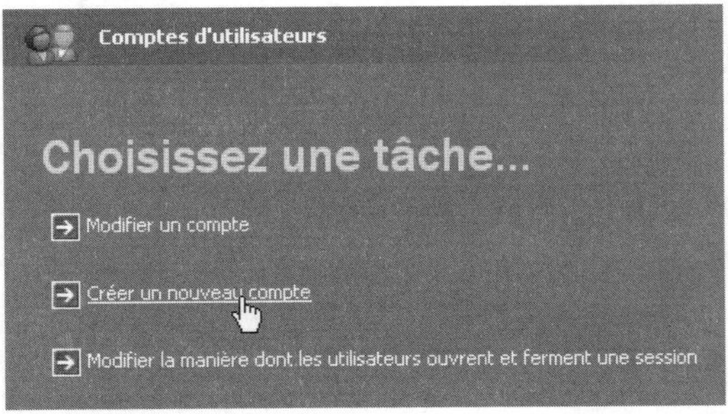

Figure 10.14 : Cliquez sur Créer un nouveau compte.

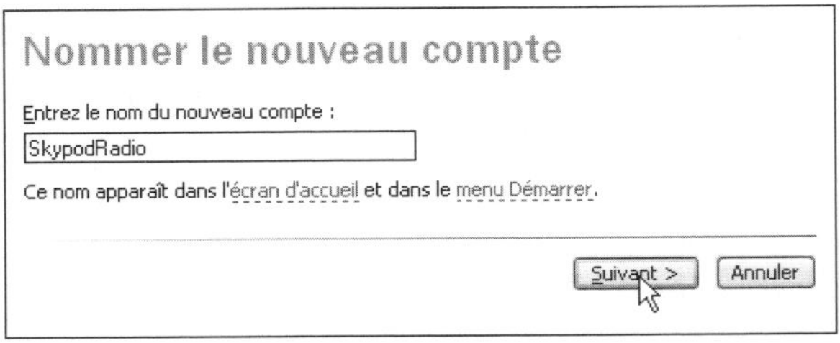

Figure 10.15 : Ce sera le nom de votre radio Skype.

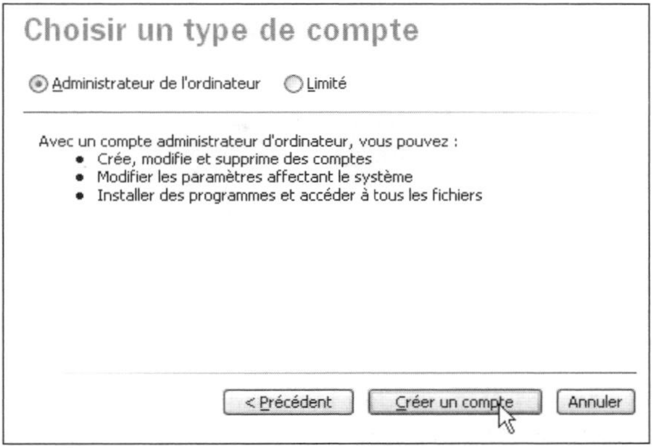

Figure 10.16 : Confirmez le type de compte d'administrateur et validez en cliquant sur Créer un compte.

3. Le nom du nouveau compte apparaît dans la liste (voir Figure 10.17).

Figure 10.17 : Le nouveau compte radio est créé et apparaît dans la liste des utilisateurs du Panneau de configuration.

4. Cliquez sur le nom du nouveau compte puis sur Créer un mot de passe (voir Figure 10.18).
5. Entrez deux fois le mot de passe choisi et validez (voir Figure 10.19).

Figure 10.18 : Un mot de passe doit être associé au nouveau compte administrateur.

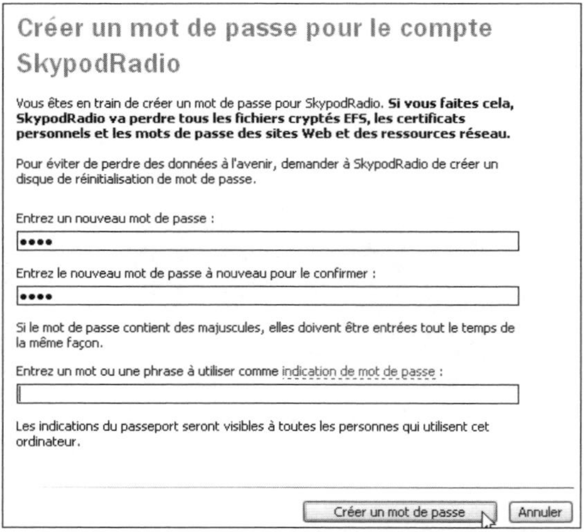

Créer un mot de passe pour le compte SkypodRadio
Vous êtes en train de créer un mot de passe pour SkypodRadio. Si vous faites cela, SkypodRadio va perdre tous les fichiers cryptés EFS, les certificats personnels et les mots de passe des sites Web et des ressources réseau.
Pour éviter de perdre des données à l'avenir, demander à SkypodRadio de créer un disque de réinitialisation de mot de passe.
Entrez un nouveau mot de passe :
Entrez le nouveau mot de passe à nouveau pour le confirmer :
Si le mot de passe contient des majuscules, elles doivent être entrées tout le temps de la même façon.
Entrez un mot ou une phrase à utiliser comme indication de mot de passe :
Les indications du passeport seront visibles à toutes les personnes qui utilisent cet ordinateur.
Créer un mot de passe
Annuler

Figure 10.19 : C'est un mot de passe local pour l'accès à ce nouveau compte sur votre ordinateur.

6. Fermez le Panneau de configuration. Sur le Bureau Windows, cliquez du bouton droit sur l'icône Skype puis lancez la commande Exécuter en tant que… (voir Figure 10.20).

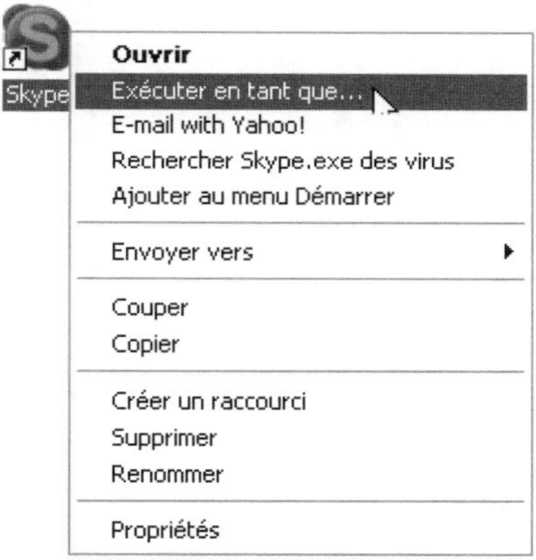

Figure 10.20 : Lancement de la deuxième copie de Skype *via* son icône sur le Bureau Windows.

7. Dans la boîte de dialogue Exécuter en tant que, cochez la case L'utilisateur suivant et sélectionnez le nom du nouveau compte Windows dans la liste.
8. Entrez le mot de passe pour ce compte et validez par OK (voir Figure 10.21).
9. Ceci lance automatiquement la deuxième occurrence de Skype et la création d'un nouveau compte. Vous devez maintenant choisir un nouveau pseudo Skype distinct de votre pseudo habituel utilisé pour téléphoner (vous pouvez reprendre le nom du compte Windows que vous venez de créer mais ce n'est pas obligatoire). Décochez la case Toujours se connecter avec ce compte au démarrage de Skype (voir Figure 10.22).

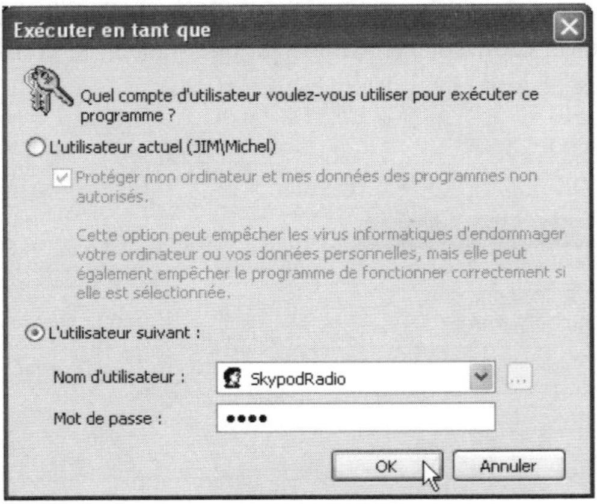
Exécuter en tant que
Quel compte d'utilisateur voulez-vous utiliser pour exécuter ce programme ?
L'utilisateur actuel (JIM\Michel)
Protéger mon ordinateur et mes données des programmes non autorisés.
Cette option peut empêcher les virus informatiques d'endommager votre ordinateur ou vos données personnelles, mais elle peut également empêcher le programme de fonctionner correctement si elle est sélectionnée.
L'utilisateur suivant :
Nom d'utilisateur :
SkypodRadio
Mot de passe :
OK
Annuler

Figure 10.21 : Rappelez ici le nom du nouveau compte et son mot de passe.

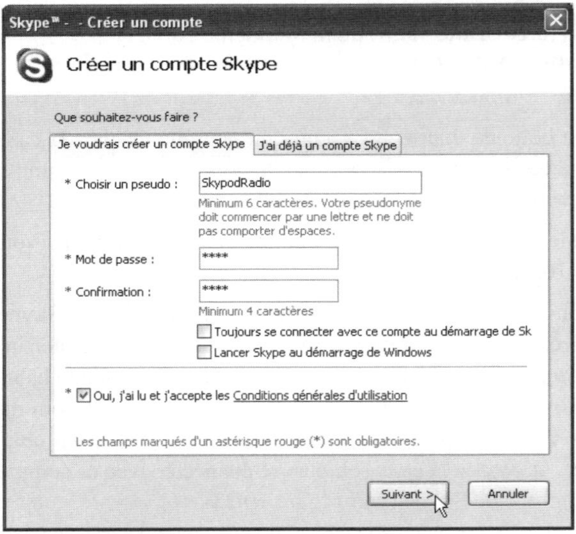
Skype™ - - Créer un compte
Créer un compte Skype
Que souhaitez-vous faire ?
Je voudrais créer un compte Skype
J'ai déjà un compte Skype
* Choisir un pseudo :
SkypodRadio
Minimum 6 caractères. Votre pseudonyme doit commencer par une lettre et ne doit pas comporter d'espaces.
* Mot de passe :
****
* Confirmation :
****
Minimum 4 caractères
Toujours se connecter avec ce compte au démarrage de Sk
Lancer Skype au démarrage de Windows
* Oui, j'ai lu et j'accepte les Conditions générales d'utilisation
Les champs marqués d'un astérisque rouge (*) sont obligatoires.
Suivant >
Annuler

Figure 10.22 : Acceptez les CGU et cliquez sur Suivant.

10. Vous pouvez laisser vierges les champs suivants. Votre radio ne sera accessible qu'à vos amis qui connaîtront le pseudo de votre radio. Après avoir à nouveau cliqué sur Suivant, la deuxième occurrence de Skype apparaît. Fermez l'assistant de démarrage.
11. Dans le menu Outils, Options, Avancées, sélectionnez l'option Décrocher automatiquement lorsqu'on m'appelle (voir Figure 10.23).

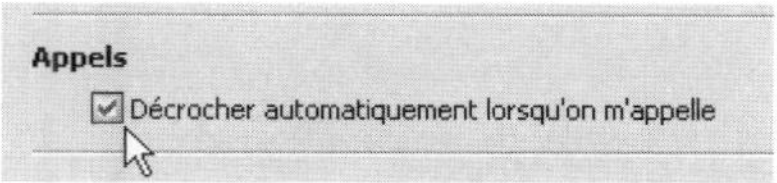

Figure 10.23 : Avec cette option, le compte radio décrochera automatiquement en cas d'appel.

Options audio

Il reste à configurer les options audio pour les deux comptes Skype.

1. Nous allons considérer que le compte Skype habituel utilise la carte son par défaut (celle utilisée par Windows pour ses messages d'alerte) et que le compte radio exploite une carte supplémentaire. Ces réglages s'effectuent dans les menus Outils, Options, Audio respectifs des deux fenêtres Skype (voir Figures 10.24 et 10.25). .
2. Pour terminer, reliez votre iPod à la prise micro (de couleur rose) de votre carte son supplémentaire à l'aide d'un câble muni de deux prises mini-din stéréo. Vous brancherez votre iPod sur la prise écouteurs.

Selon les cartes son et les configurations, il est possible parfois d'utiliser plutôt l'entrée Line-In (de couleur bleue) pour la source sonore. La qualité de restitution sera meilleure avec cette entrée.

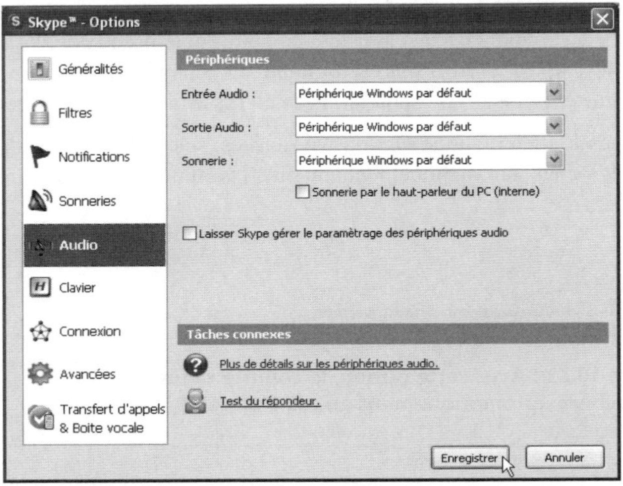

Figure 10.24 : Les réglages audio pour le compte Skype habituel.

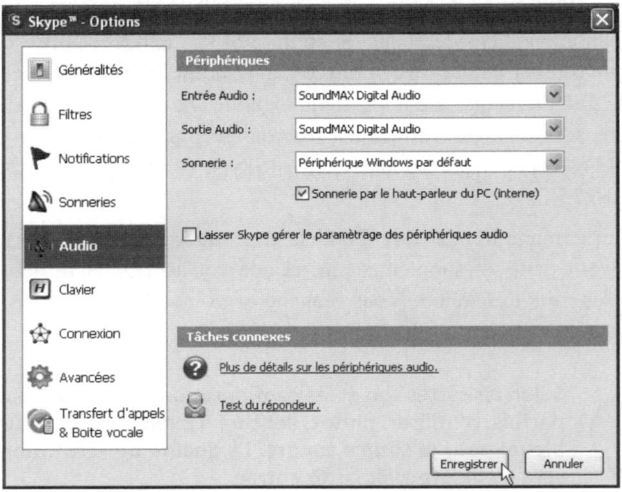

Figure 10.25 : Les réglages audio pour le compte Skype "radio".

Tester la radio Skype

Pour tester la radio Skype à partir de votre Skype habituel (et avec le pseudo utilisé pour téléphoner à vos amis) :

1. Lancez une recherche sur le pseudo choisi pour la radio et, une fois qu'il a été trouvé, ajoutez-le à vos contacts (voir Figures 10.26 et 10.27).

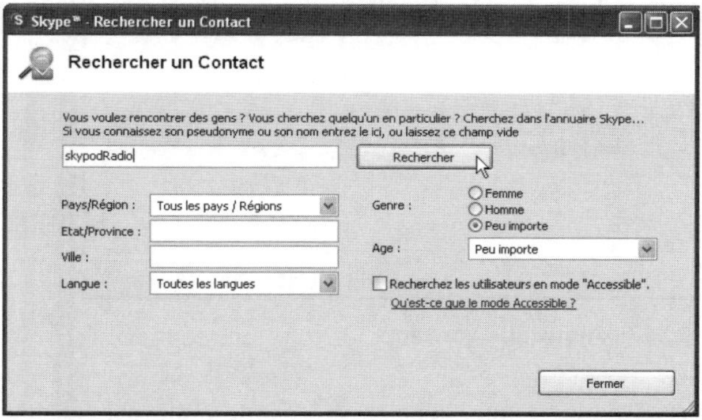

Figure 10.26 : Recherche de votre radio sur le répertoire Skype.

2. Confirmez la demande d'autorisation. Comme les deux occurrences de Skype sont ouvertes simultanément sur votre Bureau Windows, la demande vous parvient immédiatement sur le deuxième compte.
3. Autorisez le nouvel ami. Vous devez maintenant retrouver la radio dans la liste de vos contacts pour votre compte Skype habituel.
4. Vous pouvez maintenant lancer la liste de lecture sur votre iPod. Celui-ci alimente comme source sonore permanente le compte Skype "radio". Pour une lecture continue, prenez soin d'activer l'option Répéter morceaux dans les réglages de votre iPod. La liste de lecture choisie s'exécutera ainsi en boucle.

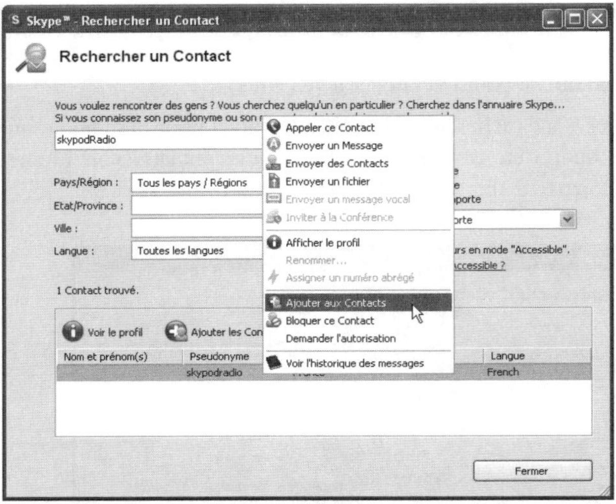

Figure 10.27 : Ajout aux contacts.

5. Depuis l'autre compte, appelez ce compte radio par un double-clic sur le nom de contact. Le compte radio doit décrocher automatiquement et, au bout de quelques secondes, vous devez entendre sur le compte habituel la musique diffusée par l'iPod (voir Figure 10.28).

A la première connexion, réglez éventuellement le niveau du volume de sortie de l'iPod pour optimiser la qualité de restitution.

Ouvrir une conférence musicale avec des amis

Vous êtes venu à bout de cette configuration un peu délicate ? Vous pouvez maintenant inviter vos amis à écouter votre liste de lecture musicale iPod des podcasts récupérés sur Internet ou d'autres documents sonores stockés sur celui-ci.

Figure 10.28 : A gauche, le compte radio (skypodradio) ; à droite, le compte habituel de Jean Martin.

Pour gérer les connexions multiples, cliquez sur la touche Conférence (voir Figure 10.29) pour autoriser un deuxième, troisième ou quatrième auditeur simultané (il n'est pas conseillé d'aller au-delà de quatre pour une écoute fluide).

L'animateur de la radio peut démarrer une discussion (*start chat*) avec un premier auditeur puis inviter les autres et leur envoyer les mêmes messages de commentaires sur le programme en cours.

Figure 10.29 : Le mode Conférence permet d'accueillir plusieurs auditeurs simultanés.

Aller encore plus loin avec Skype

Voici quelques autres particularités et fonctions de Skype à explorer ou à connaître en cas de besoin.

Dernières fonctions ajoutées

Skype évolue régulièrement. Pour être parmi les premiers à découvrir les nouvelles fonctions de votre programme de téléphonie Internet favori, téléchargez les mises à jour régulièrement et consultez le fichier changelog qui liste toutes les nouveautés et corrections de défauts (*bugfixes*).

Ce fichier est consultable en interface Web à l'adresse **http://www.skype.com/products/skype/windows/changelog.html** (voir Figure 10.30).

Change Log

25.10.2005 version 1.4.0.84

- bugfix: fixed certain Skype calls that were vulnerable to buffer overflow (Skype Security Bulletin SKYPE-SB/2005-002)
- bugfix: fixed a bug in networking code that made Skype vulnerable to remotely induced crash (Skype Security Bulletin SKYPE-SB/2005-003)
- bugfix: Skype ring sound never stopped when call was automatically answered
- bugfix: user's avatar disappears after they are logged in continuously for 7 days
- bugfix: problems with handling Skype usernames that did not start with a letter
- bugfix: Skype passwords were occasionally not remembered during first login

10.10.2005 version 1.4.0.78

- change: voicemail check box was made to wrap text in order to fit longer texts
- bugfix: some Japanese text did not display correctly on Windows 2000
- bugfix: improved communication when detecting contacts voicemail and call forwarding privileges

Figure 10.30 : Quoi de neuf dans Skype ? Consultez le fichier changelog.

Webcam

Parmi les nouveautés attendues des prochaines versions (à partir de la 2.0) figure le support direct des webams et, donc, de la visioconférence Internet. On attend beaucoup de l'arrivée de Skype dans ce domaine car il faut bien avouer que l'installation d'une petite caméra Web n'est pas toujours de tout repos.

Pourtant, le principe est sympathique et, quand la configuration est réussie, vous disposez d'une installation mains libres pour téléphoner puisque la plupart des webcams intègrent le micro. Un dispositif pratique donc, qui ne garantit pourtant pas les meilleures performances pour les dialogues audio. Mieux vaut utiliser un micro indépendant ou un casque-micro pour tenir des conversations dans des conditions confortables.

En attendant le prochain support direct des webcams par Skype, vous pouvez recourir à des programmes externes qui ajoutent à Skype la visioconférence. Parmi eux, on peut citer Festoon qui, compatible avec l'API de Skype, ajoute un bouton V, comme vidéo, à la barre Skype (voir Figure 10.31).

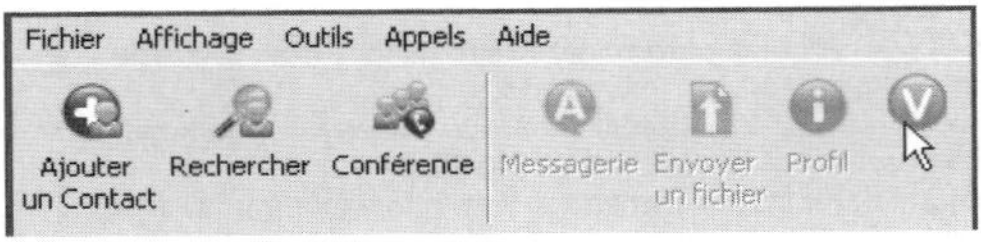

Figure 10.31 : L'installation de Festoon complète la barre de boutons de Skype.

Ce bouton permet d'inviter une sélection de contacts Skype à démarrer une session vidéo (voir Figures 10.32 et 10.33).

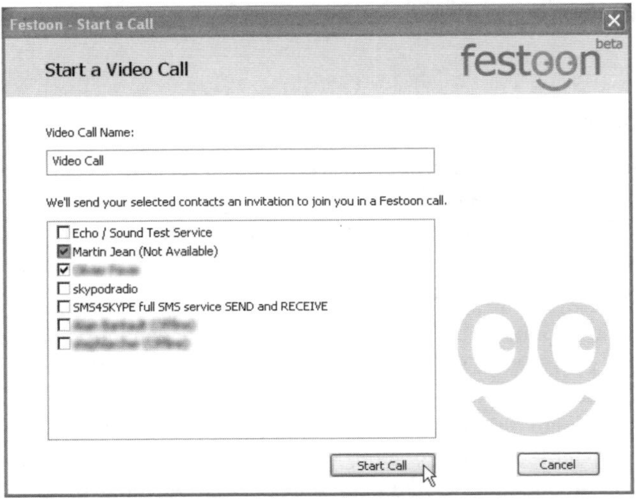

Figure 10.32 : Invitation à une visioconférence.

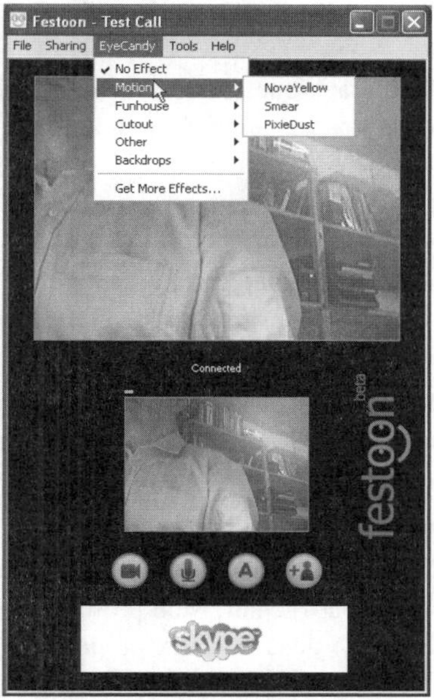

Figure 10.33 : Festoon est dédié à la visioconférence avec vos contacts Skype qui ont installé également ce logiciel pour piloter leur webcam.

Mais pour communiquer en visioconférence, vos contacts Skype doivent eux aussi installer le logiciel Festoon, ce qui limite son intérêt.

Le programme peut être téléchargé gratuitement sur **http://www.festooninc.com**.

Créer un avatar personnalisé

Nous avons vu au Chapitre 8 que Skype propose un choix d'avatars, des imagettes attachées à votre nom et à votre pseudo que vous associez à votre profil. Les images offertes avec le programme sont au format jpeg, un format très commun sous Windows et sur Internet.

Il est donc très facile de fabriquer soi-même un avatar plutôt que d'en acheter un en ligne sur le portail de Skype :

1. Ouvrez n'importe quel logiciel graphique (par exemple, Paint Shop Pro) et chargez une image, par exemple une photo issue d'un appareil photo numérique.
2. A l'aide des outils d'édition du logiciel graphique, sélectionnez sur cette photo un petit carré d'environ 96×96 pixels (c'est la taille des imagettes par défaut dans Skype), juste de quoi loger un détail de la photo. Vous devez pouvoir repérer la taille de la sélection dans la barre d'état.
3. Copiez la sélection dans le Presse-papiers et collez celle-ci comme nouvelle image. Enregistrez-la au format jpeg (par la commande Enregistrer sous ou Exporter).
4. Choisissez enfin comme répertoire de stockage Mes Documents, My Skype Pictures.
5. En modifiant votre profil Skype (par Fichier, Mon profil) vous retrouverez cette nouvelle imagette dans le choix proposé par Skype *via* le bouton Modifier. Sélectionnez l'image et cliquez sur Mettre à jour pour l'intégrer à votre profil Skype.

Sauvegarder vos contacts

Avant de changer d'ordinateus ou de formater votre disque dur, prenez soin de sauvegarder vos contacts Skype. Cela vous épargnera de longues recherches pour les reconstituer.

Ces contacts sont enregistrés dans un répertoire différent du répertoire d'installation du programme. Sous Windows XP, vous le trouvez sur le disque dur d'installation de Windows dans le répertoire Documents and Settings. Le chemin est le suivant (si le disque Windows est C:) : C:\Documents and Settings\nomutilisateur\Application Data\Skype\nomskype\.

- "nomutilisateur" est votre identité lorsque vous ouvrez une session Windows.
- "nomskype" est votre pseudo Skype.

Par défaut, ce sous-répertoire fait partie des éléments cachés à l'utilisateur. Pour l'afficher, vous devez sélectionner, dans l'Explorateur Windows, le menu Outils, Options des dossiers, Affichage, et cocher l'option Afficher les fichiers et dossiers cachés (voir Figure 10.34).

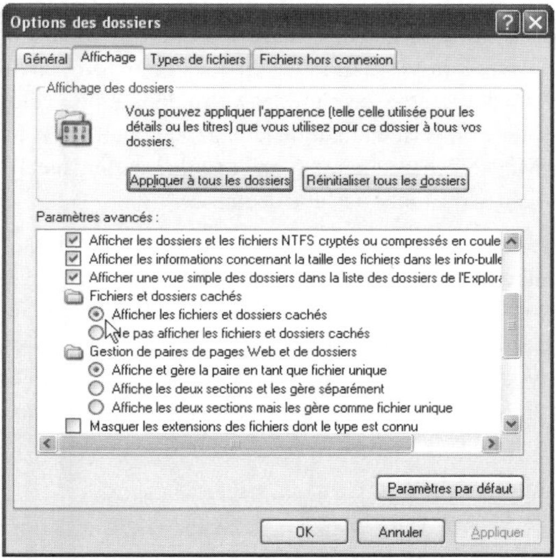

Figure 10.34 : Pour retrouver les contacts Skype, affichez les dossiers cachés.

Copiez sur une clé USB le sous-répertoire nomskype. Après avoir réinstallé Skype sur le nouvel ordinateur ou le disque dur reformaté, recopiez le sous-répertoire au même endroit.

Avec la même méthode, vous pouvez facilement transférer ponctuellement avant un déplacement ou des vacances la dernière mise à jour de vos contacts Skype (sur votre ordinateur de bureau) vers un ordinateur portable.

Retrouver vos achats sur le Web de Skype

Pour les distraits, Skype a prévu une fonction "rattrapage". Les avatars et les sonneries que vous achetez sur le portail Web de Skype peuvent être téléchargés plusieurs fois. Ils restent attachés à votre compte Skype.

Pour les retrouver, il suffit de visiter la page d'accueil **http://www .skype.com**. Si vous avez laissé activés les cookies pour votre navigateur Internet, vous devez être reconnu dès votre deuxième visite. Votre nom d'utilisateur s'inscrit en haut de la page. Cliquez sur Your Account puis sur Mes téléchargements (dans la colonne de gauche) pour afficher vos achats de sonneries et d'avatars.

Pour télécharger les avatars et les sonneries une nouvelle fois, il faut à nouveau vous authentifier avec votre pseudo et votre mot de passe. L'une des manières de procéder est de cliquer sur le numéro de commande de l'un des fichiers achetés puis de cliquer sur Mes téléchargements. Vous devriez alors, en principe, saisir le pseudo et le mot de passe. Et si tout se passe bien, retrouver la liste de vos achats (voir Figure 10.35).

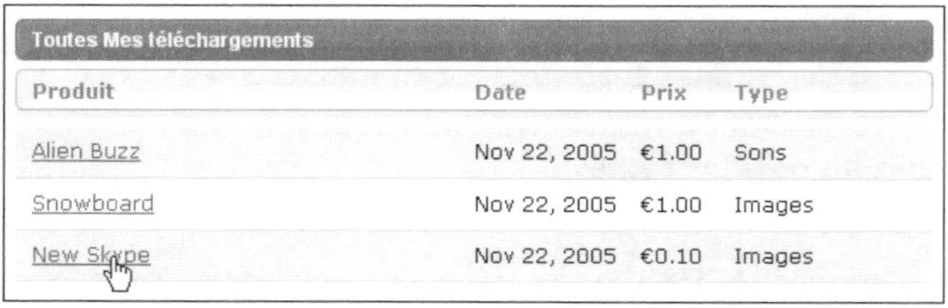

Toutes Mes téléchargements

Produit	Date	Prix	Type
Alien Buzz	Nov 22, 2005	€1.00	Sons
Snowboard	Nov 22, 2005	€1.00	Images
New Skype	Nov 22, 2005	€0.10	Images

Figure 10.35 : La liste des avatars et des sonneries qui vous sont acquis.

Cliquez sur le nom du fichier qui vous intéresse. La fonction Télécharger le produit (et non pas Acheter) vous est alors proposée (voir Figure 10.36).

La récupération de la sonnerie ou de l'avatar s'effectue ensuite comme lors de leur achat initial (la procédure est détaillée au Chapitre 8).

New Skype
Télécharger le produit
€0.10
L'aperçu vous montre l'image que vous venez de choisir. Cliquez maintenant sur "Acheter maintenant" pour la télécharger et l'installer dans votre profil Skype.

Figure 10.36 : En cliquant sur ce lien, vous pouvez récupérer votre avatar ou votre sonnerie. Très pratique si vous utilisez le même compte Skype sur plusieurs ordinateurs.

Chapitre 11

Dépannage

Skype a réussi son pari : il est devenu le logiciel de téléphonie Internet le plus facile à installer et sans doute le mieux toléré par les pare-feu (*firewalls*). Mais ceux-ci pourraient vite relever leur garde et être dotés de fonctions spéciales de filtrage de Skype au fur et à mesure que l'application devient populaire et encombre les réseaux.

Vous ne pouvez plus joindre vos contacts Skype ? Vous restez toujours dans l'état Connexion en cours ? Lorsqu'on vous appelle, vous n'entendez rien dans votre casque ou, inversement, votre correspondant ne vous entend pas ? Si vous constatez que, pour une raison ou pour une autre, Skype ne fonctionne plus, vérifiez successivement :

- la connexion Internet ;
- les réglages du pare-feu ;
- la configuration audio.

Et tout rentrera dans l'ordre… Enfin, espérons-le.

Problèmes de connexion Internet

Comme souvent en informatique, la résolution d'un problème passe par un contrôle méthodique de tous les composants impliqués dans un résultat. Commençons par la connexion réseau et Internet sans laquelle Skype est totalement inutile.

Nous allons prendre le cas le plus compliqué : un ordinateur de bureau ou un ordinateur portable connecté à Internet par une liaison sans fil Wi-Fi et *via* un routeur-passerelle Wi-Fi sur lequel est branché un modem ADSL à interface Ethernet.

Le point d'accès Wi-Fi fonctionne-t-il ?

Vous pouvez disposer de la meilleure des connexions Internet, mais si votre ordinateur ne parvient pas à communiquer avec le point d'accès au réseau, elle ne vous servira à rien.

Vérifier la passerelle sans fil

Vérifiez d'abord si le voyant Wi-Fi sur la passerelle est bien allumé. Généralement, il clignote lorsque la passerelle sans fil est sollicitée pour une demande de page Web, par exemple.

Si le voyant Wi-Fi est éteint, le point d'accès sans fil est désactivé. Cela peut être le résultat d'une fausse manœuvre dans les pages de configuration de la passerelle. Mais si votre ordinateur est connecté en sans fil, il ne peut plus atteindre la passerelle et ses réglages puisque l'accès Wi-Fi est désactivé. Une solution peut consister alors à réinitialiser la passerelle ou à revenir aux réglages usine.

Vous pouvez aussi tenter de vous connecter par un câble USB ou Ethernet à l'aide du CD-ROM d'installation.

Pour redémarrer le routeur avec les réglages usine, repérez à l'aide de la documentation le bouton de reset situé le plus souvent à l'arrière du boîtier et utilisez-le selon la procédure indiquée (en général, il suffit d'appuyer assez longtemps sur ce bouton).

Après un reset, laissez la passerelle redémarrer. Vous devez alors retrouver les réglages usine. La configuration de l'accès Internet est perdue, il faudra la saisir à nouveau. Mais le service Réseau sans fil doit lui être à nouveau disponible (diode allumée).

Se reconnecter au point d'accès sans fil

Une autre solution pour rétablir la connexion sans fil consiste à intervenir (dans Démarrer, Panneau de configuration, Connexions réseau et Internet, Connexions réseau de l'utilitaire réseau) sur les paramètres de la liaison Wi-Fi entre l'ordinateur et la passerelle.

Vérifiez au passage si la connexion est bien activée. Si ce n'est pas le cas, activez-la à l'aide d'un clic du bouton droit sur l'icône représentant cette connexion (au bout de quelques secondes, votre ordinateur sera alors capable de se connecter au réseau Skype *via* Internet).

Quand la connexion est activée :

1. Cliquez du bouton droit sur Connexion réseau sans fil puis sélectionnez la commande Afficher les réseaux sans fil disponibles (voir Figure 11.1).

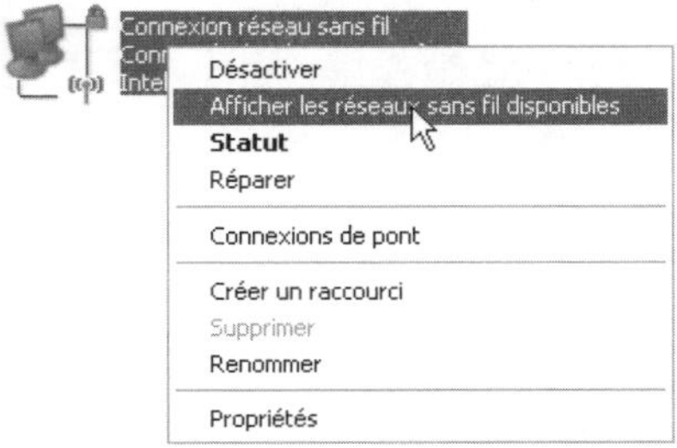

Figure 11.1 : Plusieurs points d'accès Wi-Fi peuvent être disponibles.

2. Sélectionnez le point d'accès sans fil présentant le signal le plus puissant et cliquez sur Connecter (voir Figure 11.2).

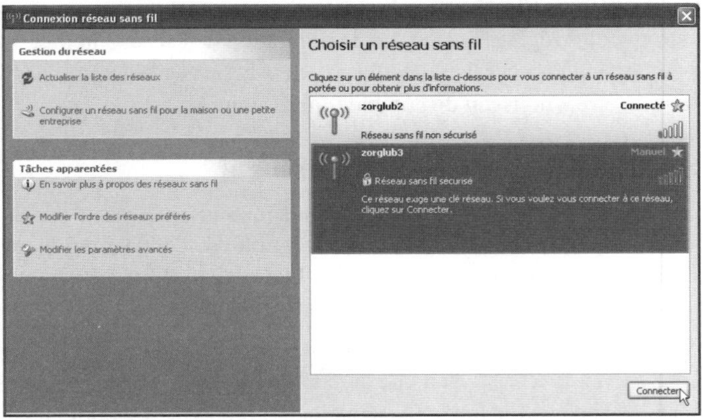
Connexion réseau sans fil
Gestion du réseau
Actualiser la liste des réseaux
Configurer un réseau sans fil pour la maison ou une petite entreprise
Tâches apparentées
En savoir plus à propos des réseaux sans fil
Modifier l'ordre des réseaux préférés
Modifier les paramètres avancés
Choisir un réseau sans fil
Cliquez sur un élément dans la liste ci-dessous pour vous connecter à un réseau sans fil à portée ou pour obtenir plus d'informations.
zorglub2
Connecté
Réseau sans fil non sécurisé
zorglub3
Manuel
Réseau sans fil sécurisé
Ce réseau exige une clé réseau. Si vous voulez vous connecter à ce réseau, cliquez sur Connecter.
Connecter

Figure 11.2 : Repérez la balise Wi-Fi la plus puissante sur votre réseau s'il en possède plusieurs.

3. Entrez maintenant, si elle vous est demandée et si ce point d'accès Wi-Fi est sécurisé, la clé réseau (voir Figure 11.3).

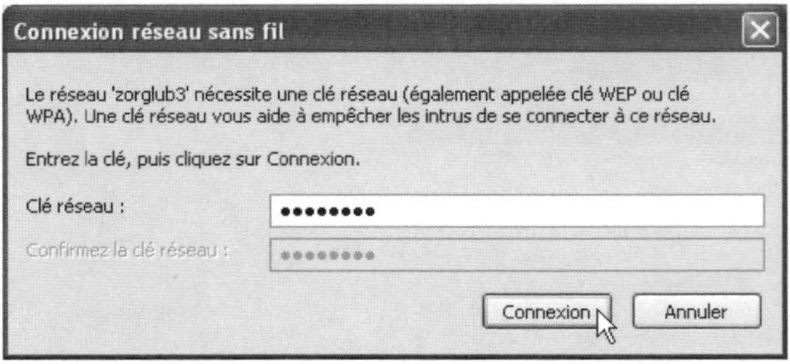
Connexion réseau sans fil
Le réseau 'zorglub3' nécessite une clé réseau (également appelée clé WEP ou clé WPA). Une clé réseau vous aide à empêcher les intrus de se connecter à ce réseau.
Entrez la clé, puis cliquez sur Connexion.
Clé réseau :
Confirmez la clé réseau :
Connexion
Annuler

Figure 11.3 : Saisissez deux fois la même clé attribuée à ce point d'accès puis cliquez sur Connexion.

Cette clé de caractères alphanumériques a été définie lors de l'installation de la passerelle. Vous avez dû la noter quelque part. S'il ne s'agit pas d'une installation domestique, demandez-la à votre administrateur réseau.

4. Si la clé est correcte, vous devez obtenir la connexion au point d'accès. Une adresse IP locale est attribuée à votre ordinateur.
5. Vous pouvez maintenant ouvrir votre navigateur Internet et indiquer comme adresse celle du routeur-passerelle sans fil. En général : http://192.168.1.1 (vérifiez les paramètres par défaut sur la documentation). Un nom d'utilisateur et un mot de passe sont demandés (voir Figure 11.4).

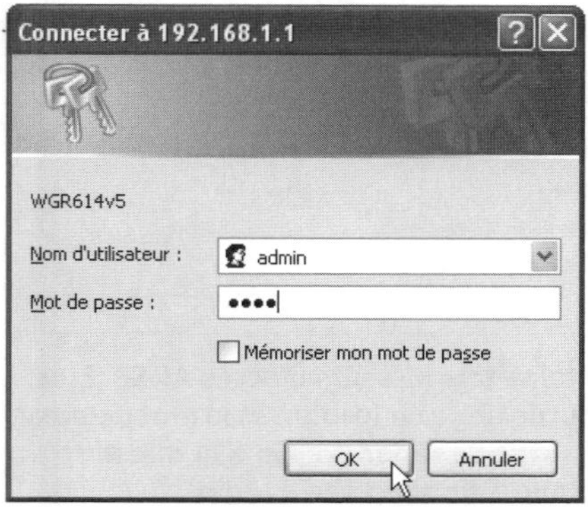

Figure 11.4 : Le nom d'utilisateur et le mot de passe par défaut sont souvent admin/admin.

6. Vous accédez alors aux pages de configuration du routeur et vous pouvez vérifier ou rétablir les paramètres d'accès à Internet (voir Figure 11.5).
7. Validez la modification sur la page de configuration en cliquant sur Appliquer ou Apply. Puis quittez celle-ci (Logout).

L'accès à Internet doit à nouveau être opérationnel.

Figure 11.5 : Pour certains fournisseurs d'accès ADSL (Free, par exemple), il est inutile de saisir le login et le mot de passe de l'accès Internet. Il suffit de répondre No à la question "Does your Internet connection require a login ?".

L'adaptateur réseau est-il prêt à communiquer ?

Vous avez vérifié que le point d'accès sans fil est bien en service. La diode Wi-Fi est allumée sur le routeur. La diode Internet est, elle aussi, allumée. Et, pourtant, il vous est impossible d'utiliser Internet. Skype ne parvient pas à se connecter, les pages Web sont désespérément inaccessibles.

Ce genre de pannes peut avoir de nombreuses causes qui ne sont pas toujours faciles à détecter. En résumé, vous devez avoir un problème avec votre adaptateur réseau, c'est-à-dire, pour le cas qui nous intéresse, avec la clé USB Wi-Fi ou la carte interne Wi-Fi. Mais les diagnostics à poser seraient les mêmes avec tout autre type de carte réseau.

Vérifier l'adaptateur

Quelles sont les questions à vous poser pour traquer la panne ? Tout d'abord, l'adaptateur réseau est-il bien installé ? Pour le vérifier :

1. Allez dans Démarrer, faites un clic droit sur Poste de travail, puis cliquez sur Propriétés.
2. Dans la page Matériel des Propriétés, appuyez sur le bouton Gestionnaire des périphériques. Dans la rubrique Cartes réseau, vous devez trouver le périphérique d'accès au Wi-Fi (voir Figures 11.6 et 11.7).

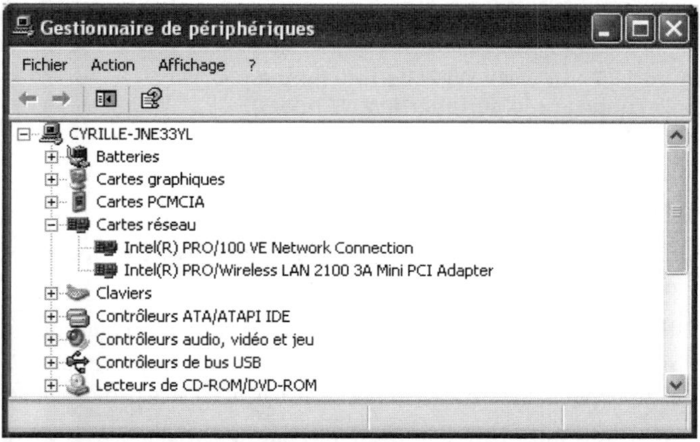

Figure 11.6 : La carte Wi-Fi (wireless) fonctionne bien.

3. En cas de non-fonctionnement, réinstallez la carte Wi-Fi en suivant les instructions du constructeur.

Ce premier point étant contrôlé, vous allez poursuivre vos investigations dans les Connexions réseau de Windows.

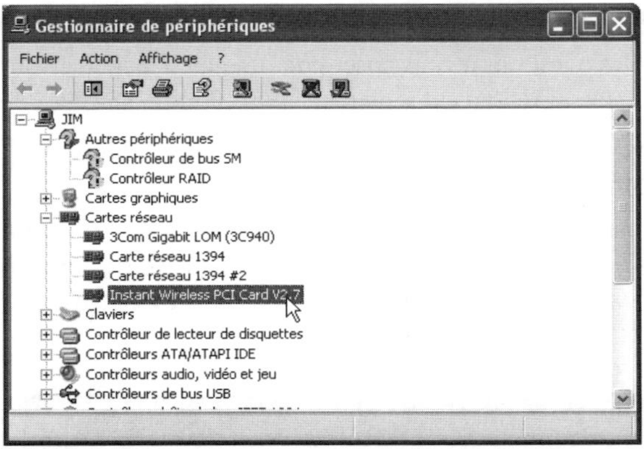

Figure 11.7 : La carte Wi-Fi ne fonctionne pas (croix rouge sur le périphérique Wireless).

Activer l'adaptateur réseau

1. Cliquez sur Démarrer puis sur Connexions et Afficher toutes les connexions.
2. Parmi les Connexions réseau, vous devez retrouver celle correspondant au Wi-Fi. Cliquez sur la connexion portant ce nom de périphérique. Ses caractéristiques s'affichent dans la partie gauche.
3. Si aucune information ne s'affiche dans la partie gauche, l'adaptateur n'est pas activé. Pour l'activer, cliquez du bouton droit sur la connexion puis sur Activer.
4. Au bout de quelques secondes doivent apparaître les informations suivantes (voir Figure 11.8) :
   - l'adresse IP attribuée pour la connexion locale ;
   - le nom du point d'accès réseau ;
   - l'indication du cryptage ou du non-cryptage activé sur ce point d'accès réseau ;
   - la force du signal radio.

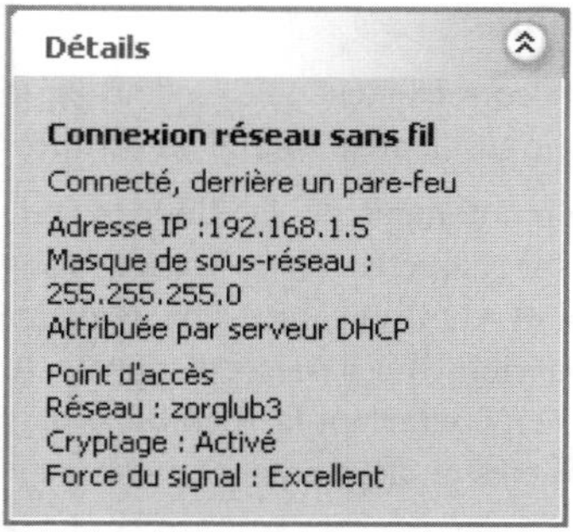

Figure 11.8 : Les détails de votre connexion au réseau local.

Avec un signal radio faible ou très faible, votre connexion sans fil peut être temporairement interrompue. Déplacez si possible votre ordinateur (ou la passerelle) pour améliorer les conditions de réception.

Se connecter à la passerelle

Dans les Connexions réseau, sélectionnez à nouveau la connexion de la carte ou de la clé Wi-Fi. A l'aide du bouton droit, cliquez sur Désactiver puis, quelques secondes plus tard, sur Activer. Ceci permet de corriger l'attribution de l'adresse IP. A présent, le point d'accès est bien celui de la passerelle et l'adresse IP est bien attribuée par cette dernière.

Il est important que ce soit la passerelle elle-même qui attribue l'adresse IP pour que la communication s'établisse en permanence entre les deux matériels et que l'accès Internet transite par la passerelle sans erreur d'aiguillage.

L'accès Internet est-il ouvert ?

Premier indice de panne concernant l'accès Internet : le voyant Internet (ou ADSL) du modem ADSL clignote. Vous devez en premier lieu vérifier le branchement du modem sur la ligne téléphonique.

Vérifier l'installation téléphonique

Le câble téléphonique doit être inséré correctement côté modem sur la prise LINE et côté prise téléphonique sur la prise MODEM du filtre.

Si tout est en ordre et que le clignotement de la diode ADSL persiste, la ligne téléphonique sur laquelle vous voulez vous connecter n'est pas encore prête pour l'ADSL ou elle est en dérangement (votre téléphone classique parvient-il à passer des appels ?). Vous pouvez obtenir des précisions en contactant le 1014 ou auprès de votre opérateur alternatif si vous êtes en dégroupage total.

Au cas où l'on vous confirme que tout est en ordre et que vous échouez toujours à vous connecter pour la première fois, il faut sans doute examiner de plus près l'installation téléphonique. Certaines installations anciennes comportent des condensateurs dans les prises téléphoniques qui peuvent empêcher la synchronisation ADSL et donc l'accès Internet. Essayez aussi de changer de câble téléphonique et de filtre.

Tant que le voyant ADSL clignote, vous ne pourrez pas vous connecter. Vous devez d'abord résoudre ce problème avant d'aller plus loin.

Contrôler l'accès Internet

Deuxième étape, la diode ADSL est bien allumée et ne clignote pas. Et pourtant, Internet reste inaccessible. Vous avez sans doute déjà vérifié que le nom d'utilisateur et le mot de passe pour l'accès Internet correspondent bien à ceux transmis par votre fournisseur d'accès.

Mais il faut encore s'en assurer en se connectant à la page de configuration du routeur (voir plus haut).

Tout a été vérifié point par point. Le matériel est paré, les paramètres passés en revue, les diodes ne signalent rien d'anormal. Et pourtant, rien ne filtre sur la ligne Internet. Le réseau connaît parfois des pannes. Mais elles sont rares et ne durent que quelques heures tout au plus. Un peu de patience et vous retrouverez les joies du haut débit.

Surveiller les programmes qui se lancent au démarrage

Autre cas de figure qu'il faut aborder car il est fréquent sur les ordinateurs mal préparés à l'accès haut débit. La connexion Internet fonctionne mais elle est très lente. A tel point que Skype est presque impossible à utiliser tant les communications sont hachées.

Même lorsque vous ne sollicitez pas l'accès Internet, vous voyez la diode réseau s'animer sur la passerelle sans fil. Vous constatez aussi des transferts de données par l'adaptateur réseau. Attention, vous êtes sans doute victime d'un spyware ou d'un cheval de Troie.

Avant de déployer les grands moyens d'éradication, vérifiez si des programmes inutiles ne se chargent pas à votre insu :

1. Cliquez sur Démarrer puis sur Exécuter.
2. Dans la fenêtre Ouvrir, tapez "msconfig" et validez en cliquant sur OK.
3. Cliquez sur l'onglet Démarrage et décochez tous les éléments de démarrage à l'exception de l'antivirus. Le plus souvent, ces éléments sont des programmes installés à votre insu et qui, sans forcément être malveillants, consomment une partie de votre bande passante Internet.
4. Validez par OK et par un clic sur Quitter sans démarrer. Les modifications seront prises en compte au prochain démarrage.

Réglages du pare-feu

Skype est conçu pour traverser la plupart des pare-feu. Il tolère parfaitement le pare-feu intégré à Windows XP qui est activé par défaut depuis la version SP2. Même quand l'option Ne pas autoriser d'exceptions est activée sur Windows XP SP2, Skype paraît fonctionner sans problème. Il est d'ailleurs fortement recommandé de laisser activé le pare-feu Windows même si votre ordinateur est connecté en réseau local, lui-même protégé au niveau du routeur.

Pour vérifier les options du pare-feu Windows, dans Panneau de configuration, Connexions réseau, cliquez du bouton droit sur la connexion Internet en service, sélectionnez Propriétés puis Avancé et Paramètres. Lorsque Skype s'installe sous XP SP2, il crée une exception que vous pouvez retrouver ici.

Cependant, ceux-ci peuvent parfois être paramétrés de telle manière qu'ils ne laissent rien passer. Les problèmes viennent surtout des logiciels pare-feu installés au niveau de l'ordinateur lui-même comme Norton Personal Firewall, Zone Alarm ou McAfee Firewall Pro. Ces programmes peuvent traquer toutes les entrées-sorties lorsque les protections sont réglées sur la sensibilité maximale. Pour un internaute qui veut profiter de toute la richesse du Web, ces alertes multiples sont rapidement insupportables. Et pas toujours efficaces…

Lorsque Skype est confronté à un filtrage tel qu'il ne peut pas fonctionner, un message d'erreur 1102 est affiché. Vous trouverez sur le site de Skype les bons réglages pour les principaux pare-feu logiciels.

En dehors de ces protections supplémentaires de type logiciel pare-feu sur le poste de travail individuel, Skype a juste besoin de pouvoir utiliser tous les ports TCP au-dessus de 1024 dans le sens sortie. Cette possibilité est offerte sur la plupart des configurations réseau, les protections s'appliquant plutôt aux entrées.

Si l'ouverture de la totalité des ports TCP au-delà de 1024 n'est pas possible, Skype doit au minimum pouvoir communiquer par le port 443. Au pire (port 443 fermé), Skype va utiliser le port 80 utilisé pour le Web. Ces solutions de secours sont gérées automatiquement par Skype, à moins que vous ne désactiviez ces options (voir Figure 11.9).

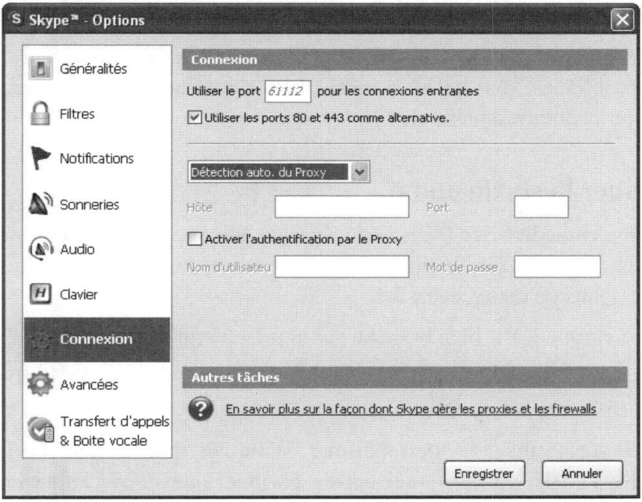

Figure 11.9 : Les options de connexion de Skype prévoient le contournement des pare-feu.

Le port indiqué en italique (ici le 61112) est le port choisi au hasard par Skype au moment de l'installation. Chaque instance de Skype sur un réseau local ou sur un même PC est caractérisée par ce port unique de communication.

Mais certains pare-feu empêchent même tout trafic non HTTP (le protocole du Web) sur le port 80. Dans ce cas extrême, ne vous découragez pas, même si cela devient un peu plus compliqué. Vous devez demander conseil à l'administrateur réseau de votre entreprise. Skype peut passer par un serveur proxy sécurisé HTTPS/SSL (auquel vous pourriez avoir accès). Il simule alors l'utilisation du HTTP pour tromper le pare-feu sur le port 80.

Configuration de l'audio

Les réglages audio sont détaillés au Chapitre 4. Si vous rencontrez des problèmes, vous devez là aussi, comme pour la connexion Internet, procéder avec méthode.

Vérifier la sortie audio

Vous n'entendez rien dans votre casque lorsque vous appelez le service Skype Call Testing ? Passez en revue successivement les trois points de cette check-list.

- Le casque est-il bien branché sur la prise verte de la carte son ?
- La carte son sur laquelle le casque est branché est-elle bien celle utilisée par Skype ?

Si Skype utilise le périphérique Windows par défaut (voir Figure 11.10), vérifiez quel est ce périphérique dans Démarrer, Panneau de configuration, Sons et périphériques audio, Audio (voir Figure 11.11).

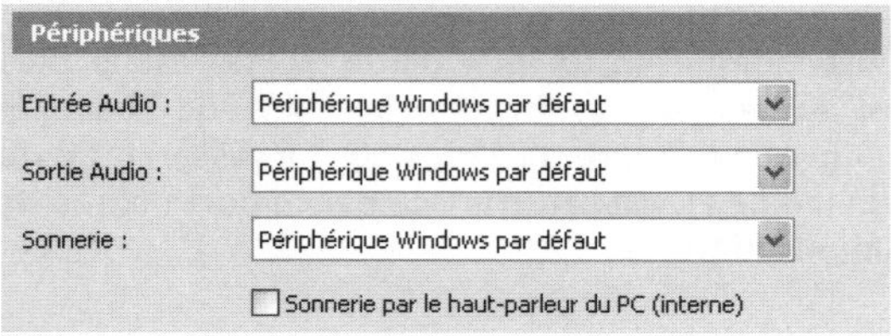

Figure 11.10 : Les options audio de Skype.

- Vous devez enfin vérifier le volume du son. Un double-clic sur l'icône représentant un haut-parleur dans la zone de notification ouvre les réglages de volume. Pour le son diffusé dans les écouteurs ou les haut-parleurs, vous pouvez agir sur le curseur Volume Control (voir Figure 11.12).

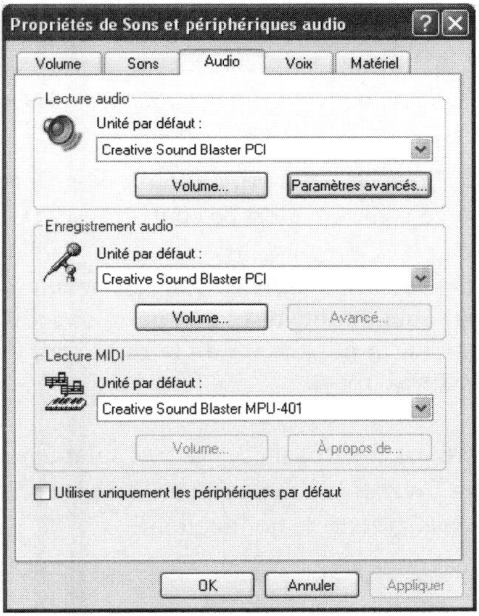

Figure 11.11 : Vous retrouvez ici le nom du périphérique audio par défaut pour Windows.

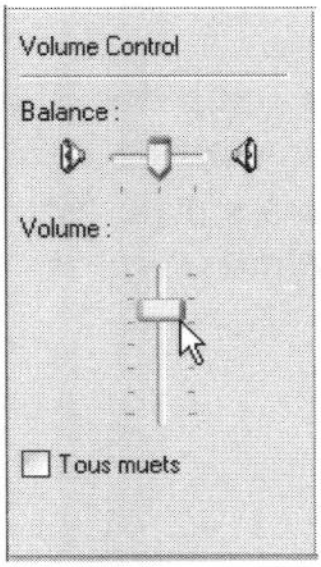

Figure 11.12 : Réglage du volume de sortie de la carte son.

Vérifier l'entrée micro

Si, lors du test avec Skype Call Testing, vous entendez le robot mais que celui-ci ne parvienne pas à enregistrer votre voix, vous devez vérifier les éléments suivants :

- Le microphone est-il bien branché sur la prise d'entrée Mic-In de la carte son ? En général, ce connecteur est de couleur rose.

Attention, en dehors des modèles USB, les casques-micros possèdent deux connecteurs : un pour les écouteurs (à brancher sur la prise verte de la carte son) et un pour le micro (prise rose).

- Le volume d'entrée micro est-il suffisant ? Vérifiez celui-ci en ouvrant la fenêtre Volum Control (double-clic sur l'icône représentant un haut-parleur dans la zone de notification).

Cliquez sur Options et Propriétés. Cochez la case Enregistrement et validez par OK (voir Figure 11.13).

Vous avez alors accès au volume de micro. Vérifiez qu'il est sélectionné et que le niveau est suffisant en relançant un Skype Call Testing (voir Figure 11.14).

Si vous n'utilisez pas un casque-micro mais des éléments (haut-parleurs et micro) séparés, vérifiez dans ce cas l'ouverture et le niveau du volume sur le micro lui-même. Certains modèles haut de gamme possèdent ces réglages indépendants.

Figure 11.13 : Les réglages de périphériques de capture s'affichent séparément.

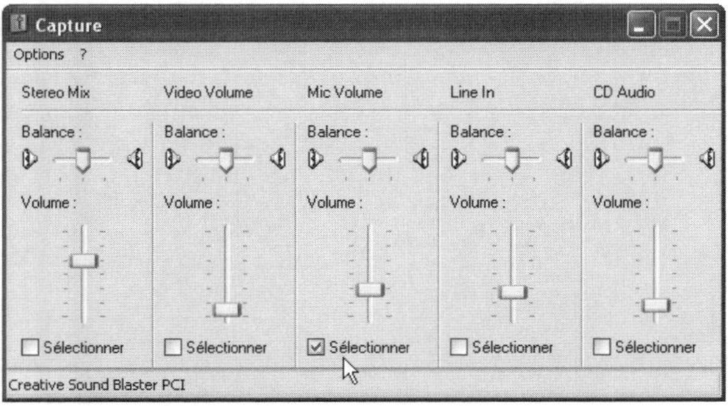

Figure 11.14 : Réglage du volume micro.

Index